边玩边学自动驾驶

肖祥全 ◎ 著

电子工业出版社
Publishing House of Electronics Industry
北京·BEIJING

内 容 简 介

本书系统梳理了自动驾驶的核心技术框架，并以开源游戏 SuperTuxKart 为基础开发了一套虚拟环境，让读者可以跟随书中的理论讲解和配套的开源代码，零成本上手实战，在充满趣味性的赛车游戏中快速掌握和深刻理解自动驾驶算法的知识。

本书内容包括自动驾驶的定义、技术发展历程以及主流技术架构；基础环境构建，打造端到端自动驾驶大模型；感知、预测、规划、控制等自动驾驶核心算法模块；自动驾驶的安全性、法律法规，对社会、经济、伦理的影响，以及行业展望和就业指南。

本书适合车辆工程、自动化、计算机等相关专业的学生，以及工程师和行业研究者阅读。

未经许可，不得以任何方式复制或抄袭本书之部分或全部内容。
版权所有，侵权必究。

图书在版编目（CIP）数据

边玩边学自动驾驶 / 肖祥全著. -- 北京 : 电子工业出版社, 2025. 8. -- ISBN 978-7-121-50664-2
Ⅰ. U463.61
中国国家版本馆 CIP 数据核字第 2025PA1348 号

责任编辑：张春雨
印　　刷：中国电影出版社印刷厂
装　　订：中国电影出版社印刷厂
出版发行：电子工业出版社
　　　　　北京市海淀区万寿路 173 信箱　　邮编：100036
开　　本：720×1000　1/16　　印张：11.5　　字数：164 千字
版　　次：2025 年 8 月第 1 版
印　　次：2025 年 8 月第 1 次印刷
定　　价：79.00 元

凡所购买电子工业出版社图书有缺损问题，请向购买书店调换。若书店售缺，请与本社发行部联系，联系及邮购电话：（010）88254888，88258888。
质量投诉请发邮件至 zlts@phei.com.cn，盗版侵权举报请发邮件至 dbqq@phei.com.cn。
本书咨询联系方式：faq@phei.com.cn。

推荐语

自动驾驶作为第四次工业革命的重要组成部分和关键技术之一，在未来产业升级与变革、经济发展与增长、交通安全与效率等方面将发挥重要作用。祥全是自动驾驶领域的资深从业者，他既有对行业的敏锐洞察，也有对未来的深度思考。这本书不仅深入浅出地从历史发展、行业应用等不同角度将自动驾驶娓娓道来，更难能可贵的是，通过一个游戏案例，帮助读者从自动驾驶的各个模块了解关键技术和应用。建议希望进入自动驾驶行业的学生以及相关行业从业者阅读学习本书。

孔旗　九识智能创始人、CEO

祥全先后就职于多家头部自动驾驶企业，长期钻研于自动驾驶的前沿研发与量产实践，是优秀的工程专家。这本寓教于乐的书汇聚了他在自动驾驶领域丰富的开发经验和深刻的理论理解。这本书创新地把赛车游戏改造成自动驾驶实验平台，手把手辅导读者构建自己的自动驾驶系统，同时对传统自动驾驶方案、端到端自动驾驶大模型方案等进行了细致梳理。对于自动驾驶领域的初学者或年轻的从业者来说，这是一本难得的好书。

陈光　一汽集团智能平台总架构师

祥全是从事自动驾驶行业近十年的老兵，他曾在多家著名的自动驾驶企业工作并担任要职，深知初学者的痛点——理论要求过多、缺乏实操、难以全栈参与。祥全巧妙地把赛车游戏改造成自动驾驶实验平台，让学习过程变得简单、有趣、充满成就感。这本书不仅涵盖了端到端架构和多模块架构内容，还在工程实现上追求优雅，既适合校园里对自动驾驶有兴趣的学生阅读，也适合工业界刚入行的工程师阅读。想真正"学会"自动驾驶，而不是只停留在概念、名词和书本知识上学习的群体，可以选择阅读本书。

黄浴 Roboraction.AI 创始人、CEO

"男生减速带，女生直喊帅"，拥有一辆自己打造的自动驾驶小车，诱惑力太强了。跟随肖"大牛"的教程，不需要烦琐的硬件，只要有一台电脑，就能在模拟器中拥有这一切。本书内容涵盖了自动驾驶中间件、感知、规划、控制等核心模块的基本原理和基本可用程序，形成了一个完全可运行的自动驾驶系统，是一个五脏俱全的自动驾驶 hello world。对于想亲自动手了解自动驾驶的大小朋友们来说，本书是很好的启蒙手册。

李博 自动驾驶资深专家

本书作为自动驾驶入门指南，通过 SuperTuxCart 模拟器，以简明易懂的方式引导初学者掌握基础算法。本书深入浅出地对自动驾驶的复杂模块进行讲解，并将复杂概念分解为实用步骤，配以丰富的实例，让读者在实践中逐步构建自动驾驶系统。无论是编程新手还是对自动驾驶感兴趣的爱好者，都能从本书中获取宝贵知识，踏上自动驾驶的探索之旅。

张伟德 机器人资深构架师

序 1

作为一名在自动驾驶行业深耕近十年的从业者，我曾有幸在百度 Apollo 和 Waymo 等顶尖团队中贡献自己的力量。如今，看到无人出租车服务在武汉（百度萝卜快跑）和美国旧金山（Waymo）等多个城市进入常态化运营，甚至在某些时段其订单量超过传统出租车，我感到无比欣慰。尽管这一切比我们当年的预期稍显延迟，但这无疑是对所有自动驾驶人多年的努力交出的一份答卷，也是对当年承诺的兑现。

我与本书作者肖祥全相识于百度 Apollo 自动驾驶团队。作为百度 Apollo 创始团队的成员，我们共同见证并推动了自动驾驶从 0 到 1 的壮阔历程。从闭源到开源，从最初的几辆路测车到打造中国第一款无人驾驶金龙小巴，再到无人驾驶出租车萝卜快跑落地国内多个城市，百度 Apollo 已成长为行业内的标杆，其开源平台从根本上改变了自动驾驶技术的发展轨迹与生态格局。这个平台不仅培养了大批技术人才，更催生出众多自动驾驶生态产品及相关企业，奠定了整个行业繁荣的基础。

在本书中，肖祥全基于其在百度 Apollo 和小鹏汽车多年丰富的从业经验，以深入浅出的方式，全面展示了自动驾驶技术的整体架构。更为难得的是，他通过开源赛车游戏这一生动的案例，手把手教读者如何搭建一个实际可用的自动驾驶系统平台，如何开发感知、预测、规划、控制等核心模块，以及如何训练所需的模型。本书不仅涵盖了自动驾驶技术的关键知识，还深入探讨了各领域的最新发展方向，让读者既了解当前的实践方法，又对未来行业的技术趋势有清晰的认知。

我坚信，这本书不仅会成为未来自动驾驶从业者的良师益友，也会为技术爱好者带来深刻的启发。它不仅为读者打开了通往自动驾驶领域的大门，也延续了百度 Apollo 开放平台的精神，为行业的繁荣与发展注入更多的活力。

愿本书能够成为自动驾驶领域的新起点，为更多的人点燃探索的热情，共同推动行业的持续进步。

曲宁

蔚来公司技术副总裁

序 2

自动驾驶是近十年来的热门研究领域。从美国国防高级研究计划局的 DARPA Challenge 开始,到中美两国科技公司纷纷入场,通过十多年的持续研发,以及巨量的人力和资金投入,这个领域逐步开花结果。无人驾驶出租车、高阶辅助驾驶等产品越来越普遍而深刻地影响着人们的生活。也正因为如此,人们了解和学习自动驾驶技术的热情日渐高涨。

自动驾驶系统是众多技术的集成。机器人领域的传统算法,以及现在流行的深度学习,在自动驾驶系统中都有着广泛的应用。这使得自动驾驶技术的学习门槛变得很高。即使是在自动驾驶行业深耕多年的从业者,也容易"只见树木,不见森林",很难做到对这个领域有全面而系统化的了解。

本书无疑是初学者学习自动驾驶技术的绝佳选择。本书深入浅出,以简洁、生动的语言从自动驾驶的研发历史开始,介绍自动驾驶系统的前世今生;以通俗易懂的方式对系统的各个模块进行阐述,使读者在轻松愉快的心境下来理解复杂系统。

本书的一个特点是寓教于乐。寓教于乐是一种让知识在快乐中生根发芽的智慧方式。真正有效的学习,不是枯燥地灌输,而是让知识在趣味中悄然融入。自动驾驶系统本身复杂而庞大,怎样把这个复杂的系统以一种读者易于接受的方式呈现出来是一个难点。本书通过一个赛车游戏，将自动驾驶系统的感知、预测、规划、控制、中间件通信等各个模块串联起来，完整地呈现给读者。读者通过运行示例程序，亲手搭建和运行自动驾驶系统，在获得成就感的同时也加深了对系统的理解。

对于自动驾驶行业的从业者来讲，本书是一份宝贵的参考资料。由于系统的复杂性，即使是相关从业者，也不见得对自动驾驶系统有深入的了解。我作为在自动驾驶领域做了近十年的工作者，在阅读本书的时候也受益颇丰，对自动驾驶系统有了更全面的了解。

张雅嘉

Rivian 资深工程师，自动驾驶规划专家

前言

自动驾驶技术是 21 世纪最具颠覆性的创新之一，它将人工智能、传感器技术、车辆工程甚至城市规划等学科融为一体，正以前所未见的速度改变着人类的出行方式。回望 2015 年，仅有几家公司能够把屈指可数的几台实验车放到公开道路上小心翼翼地测试，仅仅十年后，数以千万计的车辆已经具备了不同程度的自动驾驶能力。然而，从总行驶里程来看，自动驾驶车辆所占的比例仍然极低，并且全程需要人类驾驶员保持注意力，同时，在自动驾驶模式下发生交通事故也屡见不鲜。要最终实现全天候、全地域、安全的无人驾驶，仍然任重而道远。

令人欣喜的是，越来越多相关专业的学生和工程师正在进入这一行业。但面对庞杂的知识体系，初学者常感到无从下手，或只能进行枯燥的理论学习而没有练手的机会。本书旨在系统梳理自动驾驶的核心技术框架，并以开源游戏 SuperTuxKart 为基础开发了一套虚拟环境，让读者可以跟随书中的理论讲解和配套的开源代码，零成本上手实战，在充满趣味性的赛车游戏中快速掌握和深刻理解自动驾驶算法的知识。

本书写作目标

（1）**系统性**：从成熟、稳定的多模块自动驾驶技术，到新兴的端到端自动驾驶大模型技术，从感知、预测到规划、控制，本书旨在为读者提供较为完整的自动驾驶全景视野，避免"碎片化"的认知。

（2）**趣味性**：与枯燥的技术书籍不同，本书以赛车游戏为载体讲述严肃的技术，整个阅读过程既是学，也是玩，寓教于乐。

（3）**实战性**：消除硬件门槛，并配套全闭环的、开箱即用的自动驾驶系统，让读者可以实际体验每个模块的作用，学习到的知识和迸发的灵感也可随时在"赛场"中验证、改进。

本书内容结构

本书分为四部分。

（1）**基础知识**（第1、2章）：概述自动驾驶的定义、技术发展历程以及主流技术架构。

（2）**端到端自动驾驶大模型**（第3、4章）：构建基础环境，打造一个端到端自动驾驶大模型。

（3）**多模块自动驾驶技术**（第5~8章）：深入讲解感知、预测、规划、控制等自动驾驶核心算法模块。

（4）**自动驾驶行业**（第9、10章）：在算法之外，介绍自动驾驶的安全性、法律法规，对社会、经济、伦理的影响，以及行业展望和就业指南。

本书适合的读者

（1）**车辆工程、自动化、计算机等相关专业的学生**：具备基础的编程和数学知识，希望系统学习自动驾驶技术，为就业做准备。

（2）**工程师**：从事某一模块的开发，例如感知、规划、数据平台等，希望拓宽知识边界，了解系统全貌，以便更好地与上下游的同事协作。

（3）**行业研究者**：希望了解自动驾驶背后的工作原理，以更好地跟踪技术发展，分析商业前景等。

反馈与建议

尽管力求准确，但书中难免存在错漏之处，欢迎读者通过配套代码库所在的 GitHub 进行指正和交流。

希望本书能为您打开自动驾驶技术的大门。

肖祥全

2025 年 4 月

目录

第 1 章 自动驾驶概述 1
    1.1 自动驾驶的定义 2
    1.2 自动驾驶技术的发展历程 6
    1.3 自动驾驶的应用场景 11

第 2 章 自动驾驶技术架构 15
    2.1 车辆平台 19
    2.2 传感器 21
    2.3 车载计算机 23
    2.4 操作系统和通信中间件 26
    2.5 地图和定位 28
    2.6 感知 30
    2.7 预测 33
    2.8 规划 35
    2.9 控制 37
    2.10 端到端自动驾驶大模型 39
    2.11 离线基础设施 41

目录

第 3 章 我们的"自动驾驶游乐场" 45
3.1 基础环境 48
3.2 通信中间件 53
3.3 传感器 55
3.4 线控 56
3.5 第一个自动驾驶算法 57

第 4 章 端到端自动驾驶大模型 59
4.1 使用Bazel进行Python项目管理 60
4.2 模型设计 62
4.3 数据收集 65
4.4 模型训练 67
4.5 模型部署 69
4.6 优化迭代 72
4.7 其他改进方向 78

第 5 章 感知模块详解 81
5.1 模块设计 82
5.2 代码实战 84
5.2.1 使用OpenCV进行BEV透视变换 84
5.2.2 使用OpenCV进行道路检测 92
5.2.3 使用YOLO进行障碍物识别 95
5.2.4 使用YOLO执行图像分割、目标跟踪等处理任务 99
5.2.5 完成感知模块 102
5.3 前沿研究 105

第 6 章 预测模块详解 107

6.1 模块设计 108
6.2 代码实战 109
6.2.1 路径估计 109
6.2.2 速度估计 111
6.2.3 完成预测模块 113
6.3 前沿研究 114

第 7 章 规划模块详解 117

7.1 模块设计 118
7.2 代码实战 120
7.2.1 选择路径规划器 120
7.2.2 可行性判定 124
7.2.3 选择最优轨迹 126
7.2.4 完成规划模块 127
7.3 前沿研究 128

第 8 章 控制模块详解 131

8.1 模块设计 132
8.2 代码实战 133
8.2.1 PID 控制器 133
8.2.2 LQR 控制器 134
8.2.3 MPC 控制器 135
8.2.4 完成控制模块 137
8.3 前沿研究 140

第 9 章　自动驾驶中的其他问题 143
9.1　单车智能与车联网 144
9.1.1　多车协同（Vehicle to Vehicle，V2V） 144
9.1.2　车云协同（Vehicle to Cloud，V2C） 145
9.1.3　车路协同（Vehicle to Infrastructure，V2I） 146
9.2　安全 146
9.2.1　功能安全 147
9.2.2　网络安全 147
9.2.3　人工智能安全 148
9.3　法律法规 149
9.3.1　立法进展 149
9.3.2　标准化进展 150
9.4　社会与经济 151
9.5　伦理 152

第 10 章　自动驾驶行业就业指南 153
10.1　自动驾驶技术展望 154
10.2　自动驾驶行业的核心岗位 156
10.2.1　感知算法工程师 156
10.2.2　预测算法工程师 158
10.2.3　规划算法工程师 160
10.2.4　控制算法工程师 161
10.2.5　离线基础设施工程师 163
10.2.6　端到端自动驾驶大模型工程师 165
10.3　写在最后 167

第 1 章
自动驾驶概述

历史的车轮滚滚向前。在经历了"ChatGPT 时刻"之后，来到 2025 年的我们，更加相信"人工智能（AI）"是正在发生中的技术革命。它从具备初级的识别、理解、推理能力，逐步发展到了具备高级的创造、决策、行动能力，可以执行越来越复杂的任务。现在各行各业都在大力发展人工智能落地应用，并已小有成效。

- 在医疗领域，影像分析是人工智能的天然强项；此外，人工智能也可以承担健康咨询、疾病风险预测、辅助手术等工作。
- 在金融领域，目前大部分的股票交易、信用风险评估等都已经由人工智能全权代理。
- 在娱乐领域，以"生成式人工智能"为代表的人工智能技术，已经可以海量生成故事、音乐、图像、视频等。仅 2023 年大火的"AI 孙燕姿"所"翻唱"歌曲就获得了数千万次的播放量。

而"驾驶"，正是一项亟须人工智能将我们从中解放出来的高频、枯燥而又危险的工作。自动驾驶，也将是人工智能的集大成者。在这项"人命关天"的技术中，毫无疑问，我们需要最佳的识别、理解、推理、创造、决策和行动能力，也就需要海量的各类人才。

1.1 自动驾驶的定义

什么是自动驾驶呢？公众想象中的自动驾驶技术，在不同时期的科幻片中都有体现，大致可以分为以下几种形式：

- 有驾驶位，由机器人负责操纵车辆。
- 有驾驶位但无人，车辆自主控制方向盘和踏板。
- 无驾驶位，车辆自主行驶。

图 1-1 展示了一种由机器人负责驾驶的出租车,出自 1990 年的科幻动作电影《全面回忆》。

图 1-1　1990 年电影《全面回忆》中由机器人驾驶的出租车

实际上,这些都属于最高级的自动驾驶,是相关从业人员孜孜追求的终极目标。但又因为这项工作的复杂性,短期内不可能一蹴而就,因此行业里经常讲一句话"攀登珠峰,沿途下蛋"。"完全无人驾驶"就是我们最终要征服的珠峰,但在登顶之前,诸多技术仍然可以提前落地应用,或减轻驾驶员的负担,或提高驾驶的安全性,或提升交通效率,同时也持续产生商业价值,支撑研发企业保持和加大投入,以冲击更高的目标。

在登山中,我们可以用海拔来表述难度等级,而美国国家公路交通安全管理局(NHTSA)在 2013 年发布的汽车自动化 5 级标准(如表 1-1 所示),则被广泛采用为自动驾驶的等级标准。

表 1-1　NHTSA 对自动驾驶等级的划分

等级	L0	L1	L2	L3	L4
能力	无自动化	驾驶辅助	部分自动化	有条件自动化	全自动化
与前一级的主要区别		可对车辆运动产生控制	可控制车辆的全部运动	驾驶员无须时刻保持注意力	人类不介入驾驶行为
典型功能	碰撞预警、盲区感应	定速巡航、自适应巡航	高速辅助驾驶、拥堵路段辅助驾驶	导航辅助驾驶	全无人自动驾驶

- L0 级：无自动化。车辆由驾驶员完全控制，大家所熟悉的普通车辆都属于这一级别。虽然目前部分车辆安装有传感器，可以提供碰撞预警、盲区感应、车道偏离提示等"智能"功能，但因为没有直接操纵车辆，都属于"L0 级"。

- L1 级：驾驶辅助。车辆主要由驾驶员控制，但部分操作由车辆自主完成。例如，在自适应巡航功能下，驾驶员只需要控制方向盘，车辆可以自主调整车速，并与前方车辆保持安全距离。

- L2 级：部分自动化。在可行条件下，车辆可自主控制速度和方向，但驾驶员需要持续监督车辆状态和路况，随时准备接管驾驶权。例如，高速辅助驾驶功能、拥堵路段自动跟紧前车等。

- L3 级：有条件自动化。在可行条件下，车辆自主完成全部驾驶任务，但驾驶员仍然需要在收到系统请求时接管车辆。例如，车辆可以处理大量复杂和混合路况，但仍然需要驾驶员在岗导航辅助驾驶。

- L4 级：全自动化。不再有"驾驶员"或"安全员"这一角色，车辆自主完成全部驾驶任务，包括各类应急处理。此时的自动驾驶也可

第 1 章 自动驾驶概述

称为"无人驾驶（Driverless）"。在很多语境中，大家会混用"自动驾驶"和"无人驾驶"这两个概念，而本书中仅将全自动化的自动驾驶称作"无人驾驶"。图 1-2 展示了这种包含关系。

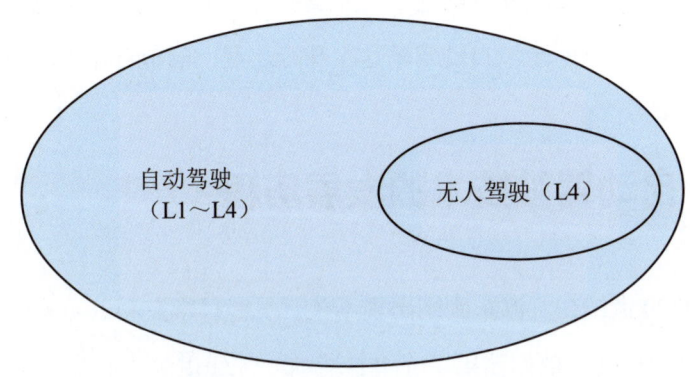

图 1-2 本书中"无人驾驶"特指无驾驶员、无安全员的 L4 级自动驾驶

需要说明的是，美国汽车工程师学会（SAE）于 2014 年发布了另一个分级标准，将"L4 级全自动驾驶"细分为"L4 级高级自动化"和"L5 级完全自动化"。二者的关系如表 1-2 所示。

表 1-2 SAE 对全自动驾驶的细分

（NHTSA 标准）L4：全自动驾驶	
（SAE 标准）L4：高级自动化	（SAE 标准）L5：完全自动化
在设计条件下提供完全自动驾驶能力，例如封闭园区内的低速游览车、仅服务于城区的无人出租车、仅在白天运营的无人车	全时全域的自动驾驶能力

可见，当前市面上的普通车辆属于 L0 级或 L1 级，以特斯拉 Autopilot 和小鹏汽车 XPilot 等为代表的车辆属于 L2 级，相关技术都已经非常成熟，实

5

现了大规模的商业化甚至盈利。相信很快就会有 L3 级的量产车出现，其标志性事件就是技术供应商（而非人类驾驶员）承担符合条件的、自动驾驶模式下的行车事故责任。L4 级技术尚处于曲折中前进的阶段，更多的是扮演技术孵化、反哺 L2/L3 级的角色，与大规模商业化尚有距离。但最终，我们必然会到达 L5 级全时全域自动驾驶这个珠峰之巅，颠覆百年汽车史。

1.2 自动驾驶技术的发展历程

早在 20 世纪初，汽车刚刚出现不久，一些科学家和发明家就在思考能否让汽车自动行驶。他们使用了光电传感器、无线电等当时最先进的技术，但无一例外地都以失败告终。直到 20 世纪下半叶，随着计算机和基于神经网络的人工智能的出现，我们才首次具备了强大的算力，以及用算力解决复杂问题的能力。学术界和工业界迫不及待地将其应用到汽车上，自动驾驶技术研究进入了"现代史"阶段。

1977 年，日本筑波机械工程实验室改装了一辆汽车，如图 1-3 所示，它使用计算机来处理道路图像。在钢轨的辅助下，这辆车可以以每小时 30 公里的速度跟随白色的路标自动行驶。

1984 年，美国国防部高级研究计划局（DARPA）与陆军合作，发起了自主式地面车辆（ALV）计划。1985 年，激光雷达被用在了 ALV 上，用于识别障碍物。1989 年，来自卡内基梅隆大学的团队首次将神经网络技术引入 ALV 的后继研究中，图 1-4 展示了这辆正在测试中的 ALV 汽车。至此，现代自动驾驶技术的主要拼图都已集齐。

第 1 章　自动驾驶概述

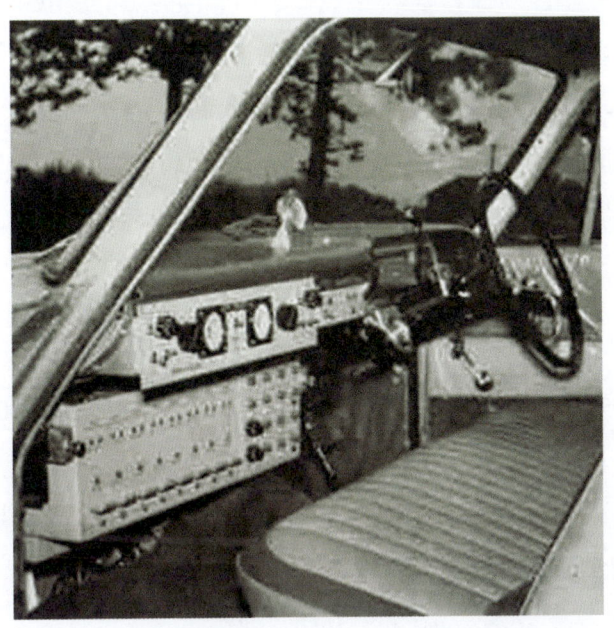

图 1-3　1977 年由日本开发的现代意义上的第一辆自动驾驶乘用车

图 1-4　1989 年正在测试中的 ALV 自动驾驶车辆

7

2004年，美国国防部高级研究计划局举办了第一届无人驾驶汽车比赛，简称DARPA挑战赛。参赛车辆须在10小时内完成从加利福尼亚州到内华达州的240公里越野路线，沿途要穿越岩石、沟壑、桥梁、隧道等各种障碍物，最先抵达目的地的团队将获得100万美元奖金。然而遗憾的是，本届比赛中表现最好的车辆也仅仅驶出了不到12公里。

研究人员没有气馁，仅仅时隔一年，在第二届DARPA挑战赛中就有5辆车顺利跑完全程，如图1-5所示的来自斯坦福大学的无人车Stanley以6小时53分钟获得了冠军。本届比赛成为自动驾驶发展史上的拐点，它证明了当代技术已经具备处理复杂路况的能力，不仅吸引了更多的人才参与，更重要的是吸引了产业界的关注。

图1-5　2005年DARPA挑战赛冠军，来自斯坦福大学的无人车Stanley

第 1 章　自动驾驶概述

2009 年，搜索巨头谷歌公司秘密启动无人驾驶汽车项目，后于 2016 年将项目更名为 Waymo，作为独立实体运营至今。Waymo 从最开始就定位于研发最先进的 L4 级自动驾驶技术，并以强大的实力始终立于时代的潮头：

- 第一家在公共道路上进行自动驾驶测试（2015 年）的公司。
- 第一家在美国获得无人驾驶汽车牌照（2018 年）的公司。
- 第一家在美国开展无人驾驶出租车服务（2020 年）的公司。
- 第一家在高速上开展无人驾驶测试（2024 年）的公司。

直到现在，主流的自动驾驶研发基本都是沿着 Waymo 的路径向前演进的。所谓"天下武功出少林"，将 Waymo 称作自动驾驶研发领域的"少林"毫不为过。图 1-6 展示了一辆由 Waymo 率先投入运营的无人驾驶出租车。

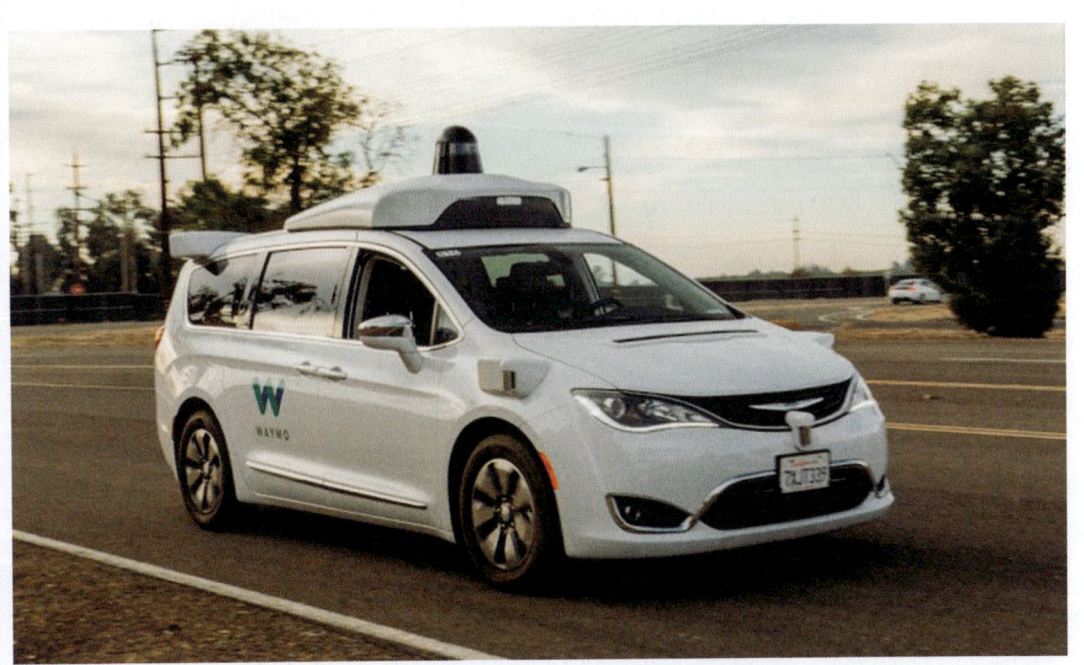

图 1-6　运营中的 Waymo 无人驾驶出租车

9

2013 年，新兴电动汽车公司特斯拉发布了其第一代自动驾驶系统 Autopilot，随后又在 2016 年推出了第二代自动驾驶系统 FSD，开创了高级自动驾驶技术在量产车型中落地的时代，这项实验室技术终于走向了数以百万计的普通用户。此后各大汽车制造商的自动驾驶技术研发，也大多是沿着特斯拉的路径向前演进的。如果说 Waymo 是"少林"，那么特斯拉堪称"武当"。

然而，需要注意的是，这些量产车的表现虽然无限接近 L3 级，甚至在特定区域内无限接近 L4 级，但仍然要求驾驶员时刻监督路况和车辆状态，对行车安全负主要责任，因此我们就只能将其称为 L2 级自动驾驶。一个有意思的现象是，特斯拉等 L2/L3 级自动驾驶的公司采取了"先高速后城市"的发展策略，因为高速公路的场景更为简单；而 Waymo 等 L4 级自动驾驶的公司采取了"先城市后高速"的发展策略，因为在无人驾驶模式下，相对低速的城市场景对车内人员来说更安全。

在自动驾驶发展中，另一股不可忽视的力量来自中国。2015 年，同为搜索巨头的百度公司推出了自动驾驶研发计划，并在北京完成了首次公开路测。此后相继涌现出了小马智行（Pony.ai）、文远知行（WeRide）、安途（AutoX）、Momenta、轻舟智航（QCraft）、元戎启行等一大批优秀的 L4 级自动驾驶的创业公司。它们或者由百度前员工创办，或者拥有大量百度前无人车工程师，因此业内也将百度称为"中国无人驾驶的黄埔军校"。在量产车领域，以蔚来、小鹏、理想为代表的中国"造车新势力"，也把 L2+级自动驾驶带进了千家万户，并且开始将相关产品出口到传统汽车的大本营——欧洲。自动驾驶技术的研发，隐隐形成了中美两强齐头并进的格局。研究机构 Guidehouse Insights 历年发布的全球自动驾驶技术排行榜，基本都呈现出中美公司霸榜的格局。图 1-7 展示了 2023 年的排名情况，处于领先地位的前十名公司全部来自中美。

第 1 章 自动驾驶概述

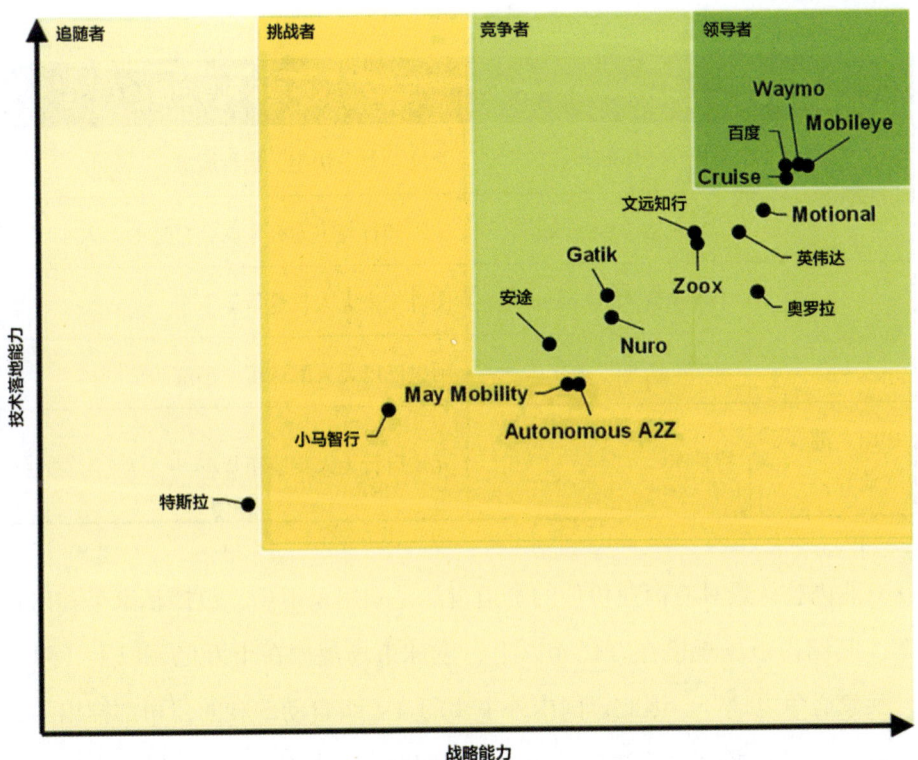

图 1-7　Guidehouse Insights 发布的 2023 年全球自动驾驶技术排名

1.3　自动驾驶的应用场景

提到自动驾驶，我们首先想到的基本都是小轿车形态，但实际上它还有很多应用领域与形态。目前自动驾驶热门应用场景如表 1-3 所示。

表 1-3　自动驾驶热门应用场景

领　域	形　态	典型公司与产品
出行服务	私家车（AI 代驾）	小鹏汽车 XNGP 辅助驾驶系统

11

续表

领　域	形　态	典型公司与产品
出行服务	出租车（Robotaxi）	百度"萝卜快跑"出行服务
	公共交通（Robobus）	文远知行与宇通客车联合打造的无人小巴
物流服务	干线物流（Robotruck）	图森未来无人长途货运卡车
	末端配送车	阿里巴巴无人配送车"小蛮驴"
矿山、港口、农业等	特种车	元戎启行无人集装箱货车

业内公认最具有商业价值的赛道自然是乘用车市场，包括私家车和出租车。其国内市场规模在万亿元以上，全球市场规模在十万亿元以上，可谓"兵家必争之地"。因此，国内外主要的 L4 级自动驾驶的公司都推出了自己的 Robotaxi 服务。在美国的凤凰城、旧金山、奥斯汀，中国的北上广深、重庆、武汉等地都可以体验到自动驾驶出租车服务。

其次是干线物流，也就是使用自动驾驶的重型卡车通过高速公路远距离运输货物。因为商品经济的高度发达，货物运输就有了直接而巨大的商业价值，其市场规模也在万亿元以上。引入自动驾驶，不仅可以节省人力、避免疲劳驾驶，还可以通过优化加减速、编队行驶等方式节省 15%以上的燃油。

再次是末端配送车，也就是使用无人驾驶的小型、低速车辆，将包裹从末端快递站送到用户手中，即物流中的"最后一公里"。一般认为这条赛道的市场规模达数千亿元。最典型的推动力量来自亚马逊、阿里巴巴、京东、美团等在线零售商或外卖巨头，它们有天然的应用场景，因此纷纷自研、投资或与创业公司合作，推出了自己的无人配送服务。

之后是公共交通，包括大型公交和迷你小巴等，一般都有固定的运营路线和上下车站点。虽然其市场规模仅在千亿元级别，但更加节能、环保、低廉，具有很高的社会价值。尤其是在厂区、公园等较为简单的封闭园区场景，会越来越多地看到无人驾驶小巴车的身影。

最后是特种车，服务于特定的行业、场景或人群。例如，模块化的农用无人车，可以自动巡航耕地，只需要更换载荷模块就可以完成播种、施肥、打农药、收割等不同功能；矿山无人车则可以实现"无人矿区"作业，无惧粉尘、缺氧、有害气体等恶劣环境，也能承受一定的事故风险，切实保护人类的生命安全和健康。图 1-8 展示了一辆来自长沙智能驾驶研究院（CiDi）的无人驾驶矿山卡车。

图 1-8　来自长沙智能驾驶研究院（CiDi）的无人驾驶矿山卡车

可见，自动驾驶技术是一种应用前景非常广阔的技术，它不仅能解决人类衣食住行中的"行"这一基本需求，还可以用于大量的我们已经想到的和尚未想到的生产与生活场景，并且会比人类驾驶更安全、更快捷，也更经济。在这个颠覆性的技术突破的前夜，作为技术人，你我生逢其时。

第 2 章

自动驾驶技术架构

一辆无人驾驶的汽车，实际上也可以称为"用于运输的轮式机器人"，其技术架构和机器人的技术架构是比较相似的。因此，很多自动驾驶公司也同时开展了机器人研究，例如图 2-1 所示的特斯拉人形机器人"擎天柱"，以及小鹏的人形机器人 PX5 和四足可骑乘的机器马等。

图 2-1　特斯拉于 2023 年 12 月发布的第二代"擎天柱"机器人

与机器人的技术架构一样，我们也可以将自动驾驶分为硬件、软件和离线基础设施三大模块。其中，硬件和软件构成自动驾驶过程中的"运行时模块"，而自动驾驶过程外的所有支持模块统称为"离线基础设施"，一般被部署在云端。

- 硬件上，有车辆平台、车载计算机，以及各类传感器，例如激光雷达、相机、GPS 等。
- 软件上，有操作系统，以及最核心的算法模块，例如地图和定位、感知、预测、规划、控制等模块。
- 离线部分，有数据平台、仿真平台、标注平台、模型训练平台等大量基础设施。

图 2-2 展示了这种经典的分层、模块化技术架构。

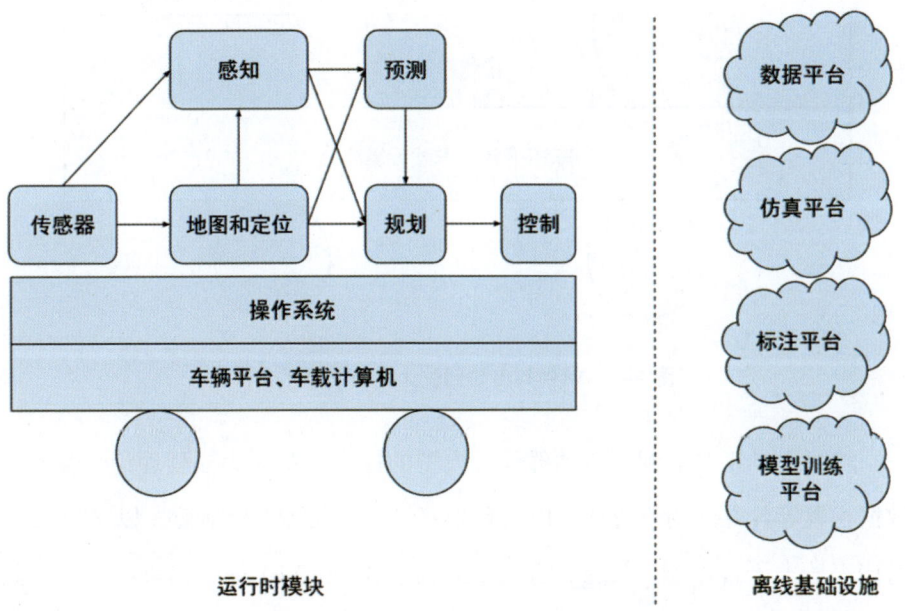

图 2-2 模块化的自动驾驶技术架构

这种技术架构不管是在机器人上还是在自动驾驶汽车上都已经行之有年，得到了充分验证。它的模块划分合理，带来的优点之一是输入/输出的可解释性强，便于调试；优点之二是各模块的技术栈高度内聚，因此自动驾驶公司可以直接按模块成立研发组，招聘相应的人才，例如感知组、规划组、控制组等。

另一种技术架构也经常出现在研发人员的思路中，那就是"端到端自动驾驶大模型"，它更符合我们对"人工智能"的想象与期待。图 2-3 展示了这种技术架构，它的第一个"端"是输入端，接收传感器的信号；第二个"端"是输出端，直接给出车辆控制信号。

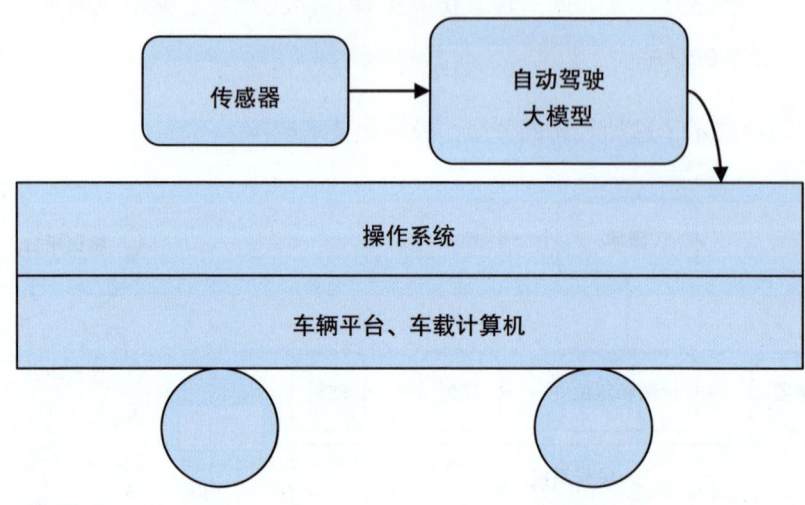

图 2-3　端到端自动驾驶大模型的技术架构

然而，早年对端到端自动驾驶大模型的探索，都因为模型理论、算力、数据积累等各方面的不成熟而以失败告终。直到 2023 年前后，以 ChatGPT 为代表的大语言模型（Large Language Model，LLM）横空出世，被认为是人工智能的"iPhone 时刻"。很多业内专家再次相信，我们可能已经具备了打造"端到端自动驾驶大模型"的条件，新一轮研究热潮正滚滚而来。

本章我们将介绍以上两种技术架构中各模块的功能，在后续章节中会进一步介绍每个模块的技术细节，并展开代码实战。

2.1 车辆平台

我们能否将传统车辆改装成自动驾驶车辆呢？这是公众经常问到的问题，也是最直观的想象，以至于早期的科幻作家也有这样的思路，这就回到了本书开篇时介绍的科幻片《全面回忆》中由机器人驾驶的出租车。但究其根本，它不是一辆自动驾驶汽车，而是汽车和一个机器人驾驶员。这显然不是一个好的解决方案。

现代自动驾驶技术对车辆平台的最低要求是具备线控驾驶能力（Drive-by-wire），也就是可以通过电信号来操作车辆，而不是通过方向盘、踏板以及一系列机械连接来操作。因为计算机是我们自动驾驶的大脑，对于计算机来说，使用电信号的线控接口更加简单、可靠、精确。

2015—2018年，来自福特公司的林肯MKZ汽车是自动驾驶圈内的明星。它拥有一套非常完善的电气化系统，油门、刹车、转向等操作都可以线控完成，并且其制造商开源、开放了足够多的接口和协议给第三方公司使用，形成了较好的生态圈，使得林肯MKZ成为一时无两的自动驾驶技术研发和测试"标配"车辆平台。图2-4展示了一辆经过改装、搭载百度Apollo自动驾驶系统的林肯MKZ汽车。

然而，使用电信号来控制油门大小，显然没有控制电机转速那么简单、直接。也就是说，电动汽车和自动驾驶才是天生一对。二者的发展也几乎在同一时期进入了黄金年代，因此新型电动汽车基本都会在设计之初就考虑自动驾驶的线控需要，从此，自动驾驶车辆平台进入了"百花齐放"的时代。从2018年起，"新势力"电动汽车制造商，如特斯拉、蔚来、小鹏、理想、问界、小米等，所生产的每一辆汽车几乎都具备L2级以上的先进自动驾驶能力。图2-5展示了一辆原装支持自动驾驶的小鹏G6汽车。

图 2-4 一辆经过改装、搭载百度 Apollo 自动驾驶系统的林肯 MKZ 汽车

图 2-5 一辆原装支持自动驾驶的小鹏 G6 汽车

我们将这种在设计阶段就融入自动驾驶需要的生产方式称为"前装量产"。相对于"后装改造"，它具有以下优点。

- 成本更低：利用规模化效应降低单车成本。
- 可靠性更高：对重要部件、线路进行隐藏和保护，并经过充分测试。
- 性能更好：车辆整体更加集成和协调，根据车型选择最优化的部件、安装位置和参数设置。

综合以上因素可见，前装量产型电动汽车，是当前以及未来主流的自动驾驶研发和部署平台。

2.2 传感器

在车辆平台之上，自动驾驶汽车还需要安装各类传感器，它们就像人类的眼耳口鼻一样重要。在早期的改装车时代，我们经常看到如图 2-6 所示的裸露的传感器，现在进入了前装量产时代，再也看不到这种粗放的安装方式了，传感器与车辆平台已经完全融合在一起。而且，传感器技术的发展也日新月异，每几个月就会有新品推出，性能越来越好，功耗越来越低，体型也越来越小。

以下是一些常见的传感器。

1. 卫星导航系统

卫星导航系统主要有美国的 GPS 和中国的北斗卫星导航系统。这项技术大家非常熟悉，因为手机里就有。它可以提供广泛地域的米级定位，但是也容易受环境影响而出现较大的误差，甚至因为遮挡而完全失去信号。

图 2-6　早期测试车辆在顶部支架上安装的传感器

2. 惯性测量单元

惯性测量单元（IMU）是一种测量实时加速度和角速度的传感器。加速度对时间积分可以得到速度，速度对时间积分可以得到位移；同理，通过角速度则可以得到车辆的转向信息。因此，IMU可以告诉我们车辆相对于初始位置的位移，且这种测量方式不易受外部环境的影响。

3. 雷达

雷达主要用于探测周围环境中物体的距离、速度等信息，常用的有激光雷达、毫米波雷达和超声波雷达。它们的对比如表2-1所示。

表 2-1　激光雷达、毫米波雷达和超声波雷达的对比

类　型	信号载体	主要优点	主要缺点
激光雷达	激光	精度高	易受干扰、成本高

续表

类　型	信号载体	主要优点	主要缺点
毫米波雷达	无线电波	探测距离远、抗干扰	精度低
超声波雷达	机械波	抗干扰、成本低	探测距离近、高速时误差大

可见，这三种雷达各有所长，因此一般会搭配使用，以达到较好的性能互补和优化的综合成本。

4. 相机

相机是一种备受青睐的传感器，不仅因为它成本低、精度高、探测距离远，还因为它从功能上就非常接近人类的眼睛，对于研发工作来说非常直观、方便。人类几乎仅靠眼睛就能完成驾驶过程中的环境感知任务，因此很多研究者甚至认为只需要相机这一种传感器就够了。这种"纯视觉解决方案"是当前非常热门的研究方向。

用于自动驾驶的相机除了摄取颜色，还可以集成更多的功能，比如红外相机可以提供热度信息，便于识别生物体，而深度相机可以提供目标的三维坐标，这些信息对自动驾驶算法都非常有用。

2.3　车载计算机

如果说车辆平台是自动驾驶的四肢，传感器是自动驾驶的眼睛，那么在硬件上我们还需要的最后一块拼图自然就是自动驾驶的大脑——车载计算机。

传统汽车只需要比较低配的计算平台，主要支持车内信息和娱乐系统即可，而自动驾驶汽车需要处理大量的传感器数据输入、实时运算和模型推理等任务，对算力的要求可谓"多多益善"，因此早期的测试车辆中甚至出现过服务器级别的性能怪兽。然而，百年汽车发展史为我们积淀了非常多的经验和教训，形成了一套完善、严格的规范和测试流程。与大家日常使用的计算机相比，车载计算机需要满足以下条件：

- 适应更大范围的环境温度和湿度。
- 抗振动、抗冲击。
- 功耗、散热等符合车辆条件。
- 工作寿命长，一般要求为不低于15年。
- 可靠性接近100%。

我们把符合条件、经过认证的计算机称为"车规级计算机"，将其核心芯片称为"车规级芯片"，有时也混用这两个名称。市面上最为广泛使用的芯片是来自NVIDIA（英伟达）公司的NVIDIA DRIVE系列芯片。

2015年，NVIDIA推出了第一代基于ARM架构的DRIVE PX平台，集成了8核CPU、256个CUDA核的Maxwell架构GPU，支持多达12路相机输入，最高算力为2.3 TOPS（算力单位，万亿次操作/秒）。

2016年推出的第二代DRIVE PX 2平台，集成了6个Denver核的CPU、512个CUDA核的Pascal架构GPU，支持多达16路相机输入，最高算力为24 TOPS。

2018年，划时代的第三代Xavier平台推出，集成了8个Carmel核的CPU、512个CUDA核的Volta架构GPU、两个深度学习加速器（DLA）和一个计算机视觉加速器（PVA），支持多达16路相机输入，最高算力为30 TOPS。作为一款专为自动驾驶重新开发、性能也很卓越的芯片，Xavier获得了汽车制造商的广泛认可。小鹏P7、英菲尼迪QX50、沃尔沃XC90等汽车便采用了 Xavier 芯片来支持各自的自动驾驶系统。

2019 年，采用 7nm 工艺的第四代 Orin 平台推出，集成了 12 个 Hercules 核的 CPU、2048 个 CUDA 核的 Ampere 架构 GPU、两个深度学习加速器和一个计算机视觉加速器，最高算力达 275 TOPS。随着 DRIVE 套件生态圈的日渐壮大，越来越多的车企开始加入。截至 2024 年，已有蔚来 ET7、小米 SU7 等十几款车型搭载了 Orin 芯片。

如图 2-7 所示的于 2025 年量产的第五代 Thor 芯片，带来了 8 倍于 Orin 的性能，算力达到 2000 TFLOPS（算力单位，万亿次浮点运算/秒），而来自中国的地平线公司也于 2024 年推出了算力达到 560 TOPS 的征程 6 芯片，它们对行业发展产生巨大的推动作用。软件与硬件的发展相辅相成，相信我们能够在 2025—2030 年见证 L4 级自动驾驶技术的成熟落地。

图 2-7　NVIDIA DRIVE Thor 车载计算芯片

2.4 操作系统和通信中间件

与大众熟知的 Windows、Ubuntu 桌面操作系统不同，自动驾驶汽车需要实时操作系统（Real-time Operating System, RTOS）。这是一种能够在规定的时间内完成特定任务的操作系统，被广泛应用于航空航天、医疗设备、工业控制等务求快速、准确、可靠的领域。我们经常在家用操作系统上感受到卡顿和延迟，但是如果一辆在高速公路上以时速 80km 行驶的汽车，在拐弯处卡顿了 0.5s 没有执行转向动作，那么它将继续直行 10m 冲出道路，这显然是不可接受的。

实时操作系统的核心是实时调度器，它负责根据任务的优先级、截止时间和资源需求，动态地分配处理器和内存等资源，以保证任务的及时执行。例如，某关键应用每秒需要运行 100 次，每次最多运行 7ms，运行时需要独占一个 CPU 核心，并使用 32MB 内存，那么在第 0s、0.01s、0.02s……时操作系统都会保证其资源足够，但是它也必须在第 0.007s、0.017s、0.027s……前完成运行，否则将被强制中断并释放资源。在实时操作系统中，一系列这样的应用紧密协同配合，以超高的确定性共同完成复杂的任务。

常见的实时操作系统有 VxWorks、RTLinux、FreeRTOS 等，在自动驾驶领域常用的则是来自黑莓公司的 QNX 操作系统，它采用模块化的设计，可以在不同的硬件平台上运行，具有高效、稳定和安全的特点。NVIDIA DRIVE 硬件平台同时支持基于 Linux 和基于 QNX 的两种实时操作系统，并且兼容 CUDA、TensorRT、cuDNN、DriveWorks 等自有软件栈。

在操作系统之上，自动驾驶系统还需要一层通信中间件，以简单、统一的接口，让信息在各模块间顺畅流转，并提供服务发现、数据序列化和反序列化、发布和订阅机制、服务质量监控等功能。图 2-8 展示了在通信中间件支持下，信息在模块之间流转的情况。

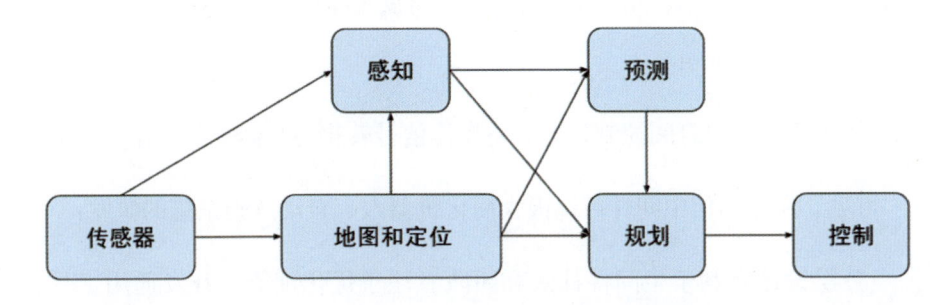

图 2-8　通信中间件让信息在模块之间流转

常见的通信中间件有 AUTOSAR（AUTomotive Open System ARchitecture）、ROS（Robot Operating System）/ROS 2 以及来自百度 Apollo 开放平台的 CyberRT。典型的使用通信中间件的工作流程如下所示。

（1）各传感器模块以 20Hz 的频率将最新的环境数据发布到特定频道，例如/sensor/camera0, /sensor/camera1, /sensor/lidar128 等。

（2）感知模块订阅激光雷达、相机等传感器的频道，每 50ms 运行一次，对最新的环境数据进行处理，将结果发布到特定频道/module/perception。

（3）地图和定位模块订阅 GPS、IMU 等传感器的频道，每 50ms 运行一次，对最新的数据进行处理，将结果发布到特定频道 /module/localization。

（4）预测模块订阅感知，以及地图和定位频道，每 10ms 运行一次，对环境中的运动物体在未来 10s 内的运动进行预测，将结果发布到特定频道/module/prediction。

（5）规划模块订阅感知、地图和定位，以及预测频道，每 10ms 运行一次，根据自身位置、外部静态物体、外部动态物体及其预测结果，对未来 10s 内的自身运动进行规划，将结果发布到特定频道/module/planning。

（6）控制模块订阅规划频道，每 10ms 运行一次，根据车辆的当前状态和目标状态，设定具体的油门、刹车、方向盘等操作信号，并将其发布到特定频道/module/control。

（7）线控模块订阅控制频道，将操作信号转化为具体车辆操作。

可见，使用通信中间件可以极大简化机器人、自动驾驶系统的研发：

- 分层设计有利于中间件社区和团队专注于优化性能、开发通用工具，而算法团队可以专注于算法逻辑。
- 模块内部高内聚，模块之间通过标准的数据格式进行耦合。
- 整个系统的可观测性、可调试性很高，可以使用各种工具来检视任意模块的输入/输出。
- 通过录制和重放输入/输出，可以复现任意时刻的模块行为和系统行为等。

因此，选择通信中间件和选择实时操作系统一般是同时进行的，二者必须完全兼容并高效协同，以便发挥出底层硬件的全部实力。这是开发自动驾驶系统的首要任务。

2.5　地图和定位

交通参与者可以分为动态参与者和静态参与者两类。如果我们能把静态参与者数据直接存储起来，让自动驾驶汽车读取、使用，那么自然会大大降低研发难度。而最重要的静态参与者就是车辆所行驶的道路，其经过数字化后就如同我们日常使用的手机中的导航地图。但是对普通地图的位置精度要求很低，误差在 1～5m 已足够满足人类用户的使用需要。而自动驾驶汽车所使用的地图，有以下两个特点。

第一，精度更高。其绝对坐标精度和相对位置精度都要达到厘米级，以实现车道级导航，或者停车场内的车位级导航。

第二，信息更丰富。除了道路信息，我们还可以将尽量多的静态参与者放进地图，例如路灯、路沿、护栏、红绿灯、道路限速、坡度等，以简化算法模块的工作。

这种地图被称为"高精地图（HDMap）"，一般使用 OpenDRIVE 格式存储。OpenDRIVE 格式是一种开放的数据规范，以 XML 文件的形式描述道路、车道、路面标记、红绿灯等静态物体的几何信息。图 2-9 展示了一段使用 OpenDRIVE 格式描述的示例道路。

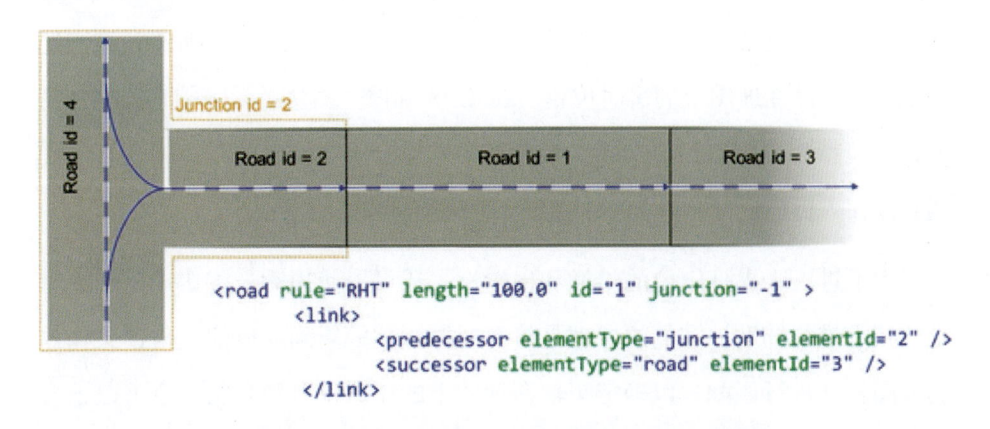

图 2-9　一段使用 OpenDRIVE 格式描述的示例道路

高精地图的优点是显而易见的，但缺点也不容忽视。它的制作和更新需要使用包括激光雷达在内的专业设备，从数据采集到制图、校验、发版，需要很多专业的人员，因此成本比普通导航地图高得多，可达 150～200 倍。而作为自动驾驶系统的关键支柱，它又必须保持高鲜度，及时反映道路变化。一般来说，城市区域的高精地图需要每周更新，乡镇地图需要每月更新，其他区域的地图也至少要每半年更新一次。其成本是巨大而长期的，并且仍然存在显著的迟滞，随时可能触发自动驾驶失效。

再考虑地图范围，我们将自动驾驶覆盖范围每扩展一公里，就要制作并持续更新一公里的地图；如果要实现 L5 级全时全域无人驾驶，就要持续更新全国乃至全球范围内的高精地图——这即使是可行的，也是不经济的。因此，包括特斯拉、小鹏、华为在内的一批先行者都在探索和实现"无图模式"。"无图模式"是指在轻量级的地图上，通过强大的感知能力来实时构建道路的几何信息、拓扑信息和车道属性等。这其实更接近人类的习惯——我们脑子里并没有高精地图，但是到了路口会通过观察迅速构建其车道衔接逻辑、各方向的车辆通过路口时应该沿着的大致轨迹等。显然，"无图模式"有着更好的前景，是当前的研究热点。

有了高精度的地图（无论是预制的还是实时构建的），自动驾驶汽车还需要知道自己在地图中的实时位置。在 GPS 和惯性测量单元等传感器的加持下，定位精度可以达到厘米级，让汽车精确地行驶在选定的车道中间、准确地刹停在人行横道前、以 20cm 的安全距离避开障碍物等。

为了进一步提高定位的精度和鲁棒性，还可以使用激光雷达定位和视觉定位技术进行辅助。它们的原理是将实时探测到的周围环境信息与预先构建的地图特征进行匹配，以确定车辆在地图上的相对位置和姿态，也可以很容易地将其换算为绝对的位置和姿态。这些技术的应用，可以大大提高车辆在隧道、立交桥等复杂场景下的高精度定位能力。

2.6　感知

交通参与者中的动态参与者，例如其他机动车和非机动车、行人等，则要靠感知模块来识别。感知模块是自动驾驶系统中重要的组成部分，在当前阶段甚至可以说是最重要的组成部分。整个自动驾驶系统的表现，一大半都取决于感知模块对周围环境的识别是否准确、全面。它需要提供两个最重要的功能——目标检测和目标跟踪。

1. 目标检测

利用深度学习算法，从海量的传感器数据中识别感兴趣的目标，例如车辆、自行车、行人、红绿灯、临时路障等，并给出其位置、大小等属性。在上一节提到的"无图模式"下，感知模块还要承担更多的检测任务，例如对车道线、交通路牌等的检测。

2. 目标跟踪

利用卡尔曼滤波或其他算法，根据目标检测的结果，对各个目标进行连续的追踪，对同一目标给出唯一标识以及运动状态属性，例如速度、加速度、角速度、头部朝向等。

不同的传感器有不同的优点，有的擅长看远处，有的擅长看近处，有的不惧黑夜，有的不怕雨雪。因此，在实际使用时，我们会综合各种传感器数据来进行联合感知（称为"多传感器融合技术"）。这可以大大提高感知的精确性和鲁棒性，消除单一传感器的噪声或盲区。

然而，尽管我们的传感器技术、模型理论和工程能力都在迅速提升，先进的感知算法在大颗粒度上已经比较成熟，但仍然有无穷无尽的细节需要继续打磨。以下是其中一些有趣的、尚未完全解决的长尾问题。

- 识别更多类别的交通参与者。不同地区可能会有独特的车辆甚至动物参与交通，图 2-10 展示了印度街道上出现的休息中的牛。
- 对交通参与者的细分。例如，车辆中的警车、救护车、校车、快递车等，行人中的执勤交警、老年人、残障人士、小孩等。

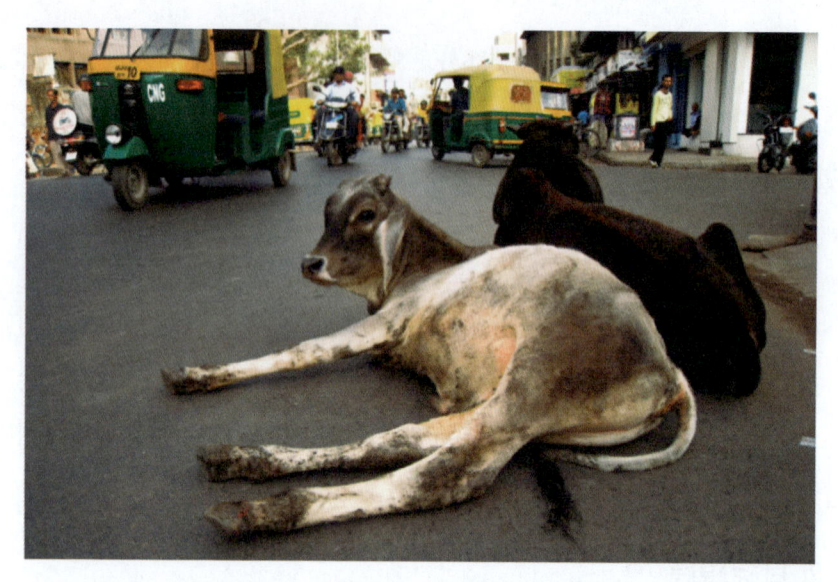

图 2-10　印度街道上出现的休息中的牛

- 识别更多的细节特征和属性。例如，双闪警示灯、微微打开的车门、用手势表示的转向信号等。图 2-11 展示了一组标准转向手势，一般用于无转向灯或转向灯损坏的车辆。

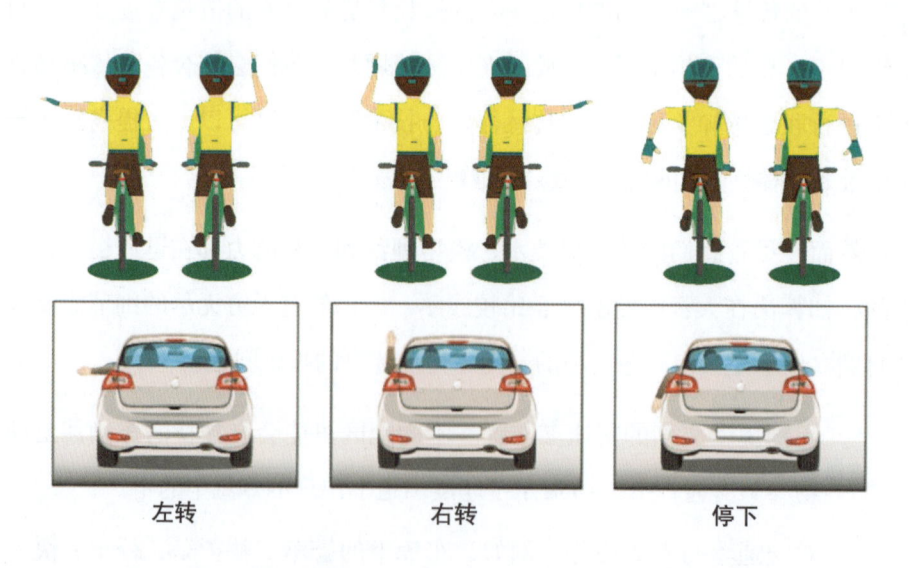

左转　　　　　　　　右转　　　　　　　　停下

图 2-11　自行车和转向灯无法工作的汽车，可以使用标准转向手势

总之，目前很多问题仍然是开放性问题，要让自动驾驶系统堪比"老司机"，最终甚至超越所有人类司机，它就需要看得更远、更多、更准、更细，以指导下游模块做出更安全、更合理、更舒适的决策。

2.7　预测

对于运动中的交通参与者，自动驾驶系统还需要对其接下来的行为进行预测。因为我们从传感器获得的数据都已经是"过去时"的，而将要做出的操作都是"未来时"的，只有从"过去时"的环境信息推理出"未来时"的环境信息，才能为下游的规划模块提供安全的决策依据。一般情况下，预测模块需要提供未来 5 ~ 10s 内的交通数据。

我们在中学物理中学习了刚性小球在惯性系下的运动，这对于理解自动驾驶中的预测算法非常有帮助，因为它们处理的都是距离、时间、速度、加速度、角速度等物理量。然而，对于交通流的预测还需要考虑更多的因素。

- 不同类别的目标会有不同的行为模式。例如，自行车一般不会倒车，汽车一般有明确的"前进方向"，而行人的运动则更随机。
- 不同类别的目标会有不同的属性边界。例如，目前有一辆汽车、一辆三轮车、一辆摩托车，拥有相同的速度、加速度和方向，但它们可以达到的最高速度、最大加速度和最小转弯半径是有区别的，因此其未来几秒内的运动也可能呈现明显的区别。
- 所有的目标基本都会遵守交通规则，但又不完全遵守。例如，车道线、道路限速、交通灯、斑马线等环境信息都会高度约束各个目标的行为，但是又不能 100% 相信这种约束。

- 目标之间存在复杂而隐晦的交互。我们可以认为所有的车辆和行人也都在观察周围的车辆和行人，并且能随时做出反应。因此，这是一种非常复杂的"全连接"关系，但是每个目标做出的反应又因时、因地、因人而不同，没有固定的模式。

可见，交通流预测在高度逻辑性中又蕴含着一定的随机性，是很难用专家系统来描述的，而这正是深度学习算法的强项。预测模块可以给出若干个概率化的预测结果，客观地反映交通流的不确定性。而且，随着时间的推移，以及目标表现出更多的行为特征，预测模块可以及时收敛到更加确定的结果，指导下游的规划模块根据概率分布做出保守的或积极的决策。图 2-12 展示了作者参与过的一个基于深度学习的预测模型结构。

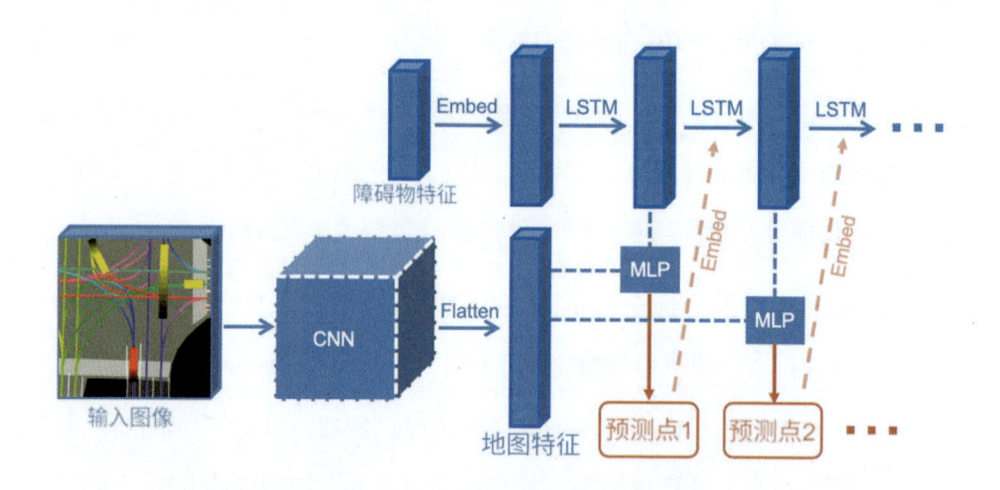

图 2-12 作者参与过的一个基于深度学习的预测模型结构[1]

---

[1] Xu K C, Xiao X Q, Miao J H, et al. Data driven prediction architecture for autonomous driving and its application on apollo platform [J]. IEEE Intelligent Vehicles Symposium (IV), 2020.

2.8 规划

自动驾驶系统中规划模块的主要功能是根据上游的定位、地图、感知、预测等信息，为自动驾驶车辆生成未来 5~10s 内精确的运动轨迹，输出给下游的控制模块，由其具体执行。

我们可以把规划理解为一种非常细致的导航，但普通导航仅在三维空间中求解，而规划是在四维时空中求解的。未来几秒内外部环境会发生诸多变化，所有运动中的物体在不同时间会处于不同的位置。而规划模块就是在四维时空中给出一条运动轨迹，它需要满足以下四个要求：

- 安全。毋庸赘言，安全驾驶永远是第一位的，这也是我们研究自动驾驶的初衷。"减少交通事故"的重要性，丝毫不亚于"降低人力成本"。

- 可行。规划模块给出的结果必须符合车辆本身的动力学条件，例如加减速、转向角度约束等。因此，针对不同的车辆底盘一般都需要进行算法适配和参数调校。

- 高效。规划模块应该尽量给出节省时间和能源的方案。

- 舒适。对于有人类乘客的自动驾驶车辆，需要考虑乘客的体感，尤其是有老人、孕妇、婴儿、残障人士等特殊乘客时，可能需要进一步提高车辆的平稳度。而纯货物运输的车辆，对舒适性要求不高，但也要考虑货箱的稳定性、易碎品的承受能力等。

可见，规划是一个高度开放的问题。定位、感知、预测、控制等模块都有唯一确定的"真值"作为衡量标准，而规划模块在整个自动驾驶系统中具有最高的自由度，没有"正确解"。图 2-13 展示了一种情形，在这种情形下跟车和超车都是可行的。

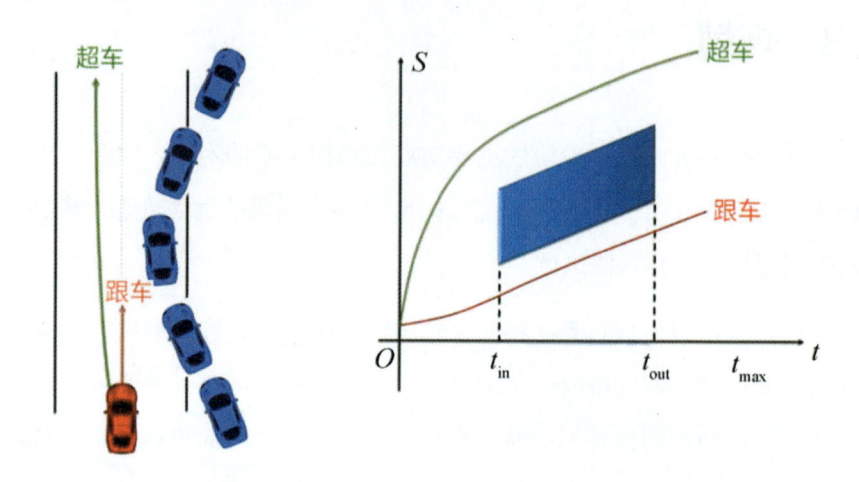

图 2-13　Apollo Lattice 规划算法，在同一情形下既可以选择跟车（红色曲线），也可以选择超车（绿色曲线）

我们知道不同的乘客对"舒适性"有不同的需求，实际上同一个人在不同的时间也会有不同的需求。例如，上班赶时间，我们希望尽量快，希望自动驾驶车辆可以在安全的前提下采用更激进的速度和变道策略；而下班时很疲惫，我们打算在车里小憩片刻，希望自动驾驶车辆尽量平稳，减少非必需的变道。

因此，规划的终极形式可能是千人千面的。目前规划技术仍处于非常早期的阶段，在变化万端的环境中能够给出一个安全、可行的解，就已经非常了不起了。而未来，规划结果势必会更加个性化、可定制化。到那一天，我们甚至可以像现在和人类驾驶员沟通一样，通过语音来告诉自动驾驶车辆："师傅，今天我赶时间，麻烦开快一点儿。"

2.9 控制

控制模块是算法层的最后一个模块，它根据规划模块给出的详细行车方案，对车辆持续发出操控信号，以保证实际运行结果与行车方案相符。

所谓"相符"，并不是绝对一致，因为误差是不可避免的。外部环境会时刻发生变化，例如路面材质、湿滑程度、风速、坡度等。车辆本身也有区别，世界上没有两片相同的叶子，更没有两辆一样的车。即使是同一辆车，每一天也都在发生变化。例如：

- 乘客或货物的不同，会引起总重变化。
- 乘客或货物的位置移动，会改变整体重心。
- 轮胎压力以及磨损的变化，会改变加减速的效率。

因为这些变化与随机扰动的存在，可以说没有任何一个时刻车辆的位置和状态与规划方案是完全吻合的。而控制模块的工作就是在"操作-反馈"的循环中持续修正姿态，将误差控制在厘米级，以保证行车安全。如果横向误差过大，车辆会偏离车道中央，可能撞到旁车或路沿；如果纵向误差过大，车辆可能会过度前出，发生追尾。同时，在修正过程中也要考虑舒适性，尽量做到渐进、温和、稳定，避免急起急刹的顿挫感和左右摇摆的晃动感。

很自然地，我们通常会分别处理车辆的横向控制和纵向控制，前者对应方向盘，后者对应油门和刹车。但车辆的行驶是一个很复杂的过程，其横向运动与纵向运动之间存在着强耦合关系。例如，车辆在高速公路上以时速120km行驶时，为了避免侧滑甚至侧翻，必须将转向角度控制在10°以内。因此，横向控制与纵向控制之间又要高度协同。

常见的控制算法有 PID 算法、LQR 算法和 MPC 算法等。

1. PID 算法

PID 算法是一种利用比例（Proportional）、积分（Integral）和微分（Derivative）三个单元来进行控制的方法，也是目前应用最广泛的控制理论之一。其基本原理由以下几部分构成。

- 比例（P）单元：根据车辆与目标状态的偏差大小来调节控制信号的强度，确保偏差越大，控制信号就越强，以达到尽快修正误差的目的。
- 积分（I）单元：根据车辆与目标状态的累积偏差大小来调节控制信号的偏置，确保累积偏差越大，控制信号的偏置就越大，以达到消除稳态误差的目的。
- 微分（D）单元：根据车辆与目标状态的偏差变化率来调节控制信号的阻尼，确保偏差变化率越大，控制信号的阻尼就越大，以达到抑制超调和振荡的目的。

可见，PID 算法的原理简单，通用性和实用性都很强。其关键是要配置好各单元的作用系数，而这往往需要大量的实车测试。

2. LQR 算法

LQR（Linear Quadratic Regulator）算法是使用线性二次型调节器来优化系统状态的加权代价，即以较小的控制量让系统达到稳定，且状态偏差较小。LQR 算法只适用于线性系统，能够提高系统的稳定性，但求解过程比较复杂。

3. MPC 算法

MPC（Model Predictive Control）算法是一种基于模型预测的控制算法，它的核心是为系统建立一个模型，可以根据系统的当前状态和输入预测未来一段时间的系统行为。这样，MPC 算法就可以实施一个预期结果最优的控制，然后在下一周期根据新的测量值重新计算和实施最优控制，如此往复迭代。MPC 算法如图 2-14 所示。

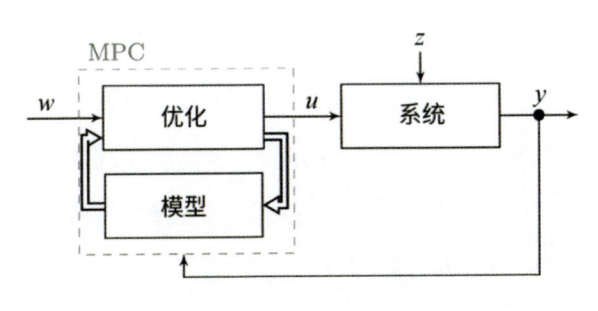

图 2-14　MPC 算法示意图

MPC 算法的灵活性大，适用于多变量、非线性的系统控制，但需要较大的算力。

2.10　端到端自动驾驶大模型

端到端自动驾驶大模型是一种利用深度学习技术，直接从传感器数据（如图像数据、激光雷达数据等）感知环境、决策规划并生成控制信号（如转向、加减速、刹车等）的自动驾驶系统，不需要进行传统的感知、规划、预测、控制等模块的分解和设计。

与大语言模型一样，端到端自动驾驶大模型成功的关键在于大数据和大算力。

首先，我们需要海量的高质量驾驶数据作为训练输入。除了使用真实的驾驶数据进行监督学习，还可以使用仿真系统生成的虚拟驾驶环境来进行强化学习或生成对抗网络。

其次，我们需要强大的模型训练平台，提供高性能、高可靠的分布式训练能力。它涉及与数据平台的集成、计算资源和存储资源的调度与监控、模型生命周期管理等方方面面的技术。一个完善的模型训练平台可以显著提高模型的迭代效率，是包括自动驾驶在内的各种人工智能项目成败之所系。

端到端自动驾驶大模型面对的最大问题是其"黑盒模式"，即输入与输出之间的决策过程是不可见、不可解释的，即使出现问题也没有简单的干预方法。因此，当前的研究重点之一就是提高可解释性，例如，在输出"超车"指令的同时解释这一行为的目的和风险。

端到端自动驾驶大模型虽然经历了早期探索的失败，但随着大数据、大算力、模型理论等各方面技术的发展，又迎来了新的机遇期。2024 年年初，特斯拉公司发布了 FSD v12，首次采用了端到端自动驾驶大模型。相较于 FSD v11 等模块化架构的自动驾驶系统，代码量减少了 99%以上，而表现则更接近人类驾驶员。图 2-15 展示了一辆正在测试中的使用 FSD v12 自动驾驶系统的特斯拉汽车。

图 2-15　特斯拉 FSD v12 实车测试

2.11　离线基础设施

前面介绍了自动驾驶系统中的"运行时模块",即直接、实时参与驾驶行为的模块。但它们就像冰山露出水面的一小部分,其下是不可见的但更加宏伟、庞大的基座。我们将这些一般运行在云端,对自动驾驶研发起重要支撑作用的平台化工具称为"离线基础设施"。常见的离线基础设施有仿真平台、数据平台、标注平台和模型训练平台等。

1. 仿真平台

仿真平台是最重要的离线基础设施之一,它提供了在虚拟环境中模拟真实世界并运行自动驾驶系统的能力。基于此,可以实现如下三种应用场景。

- 数据回放:在虚拟环境中回放录制的实车测试数据,便于工程师定位问题。
- 回归测试:在虚拟环境中测试新的算法改动,以极低的成本验证算法的可行性,避免了实车测试的风险。
- 生成训练数据:在虚拟环境中生成接近于真实世界的数据,用于自动驾驶模型训练。

目前比较成熟的应用集中在数据回放和回归测试上,可以显著提高自动驾驶研发效率。尤其是大规模分布式的回归测试能力,可以让虚拟的自动驾驶汽车"日行百万公里",充分验证无误后再将测试结果打包发布给实车测试团队,既经济又安全。

2. 数据平台

自动驾驶是一个数据密集型应用,从系统启动到系统关闭,时时刻刻都在产生和记录数据。以目前主流的传感器配置和算法实现为例，自动驾驶系统每分钟产生的数据量至少为 2GB；如果有一辆汽车每天行驶 8 小时，就会产生大约 1TB 的数据；如果有一个由一千辆汽车组成的车队，那么每天就会产生 1PB 的数据。而现实中，传感器不断增多，图像精度不断提高，算法越来越复杂，车队越来越庞大，导致每年的新增数据量都在呈指数级增加。如此大量的数据会给各方面带来挑战。

- 存储：随着存量数据的不断增加，很多公司每年仅在数据存储上就要花费上亿元。
- 带宽：每天都有大量的数据从车端上传到云端，又在云内四处流动，产生跨机房、跨地区的带宽费用，其成本往往不亚于存储本身。
- 处理：数据时时刻刻在产生并被写入，也时时刻刻在被读取并消费。不同的系统模块会在不同的时机对数据进行不同的转换和运算，带来巨量的 CPU 和内存开销。

数据平台是一站式解决与数据相关的各类问题的平台。它往往处于整个自动驾驶研发体系的中心位置，衔接所有的数据生产者和数据消费者。它提供的解决方案不仅要解决"行不行"的问题，还要持续不断地优化各个环节的成本方案，以避免数据的指数级增长带来的成本爆炸问题。

3. 标注平台

决定自动驾驶系统成败的首要因素是对周围环境的"感知"是否准确，而感知模块主要采用监督学习，因此数据标注的效率和质量成为关键。已标注数据是企业的核心资产之一。标注平台就是一个提供标注工具、管理标注流程的离线基础设施。

作为一个"人力密集型"平台，其成本也是高昂的。以图 2-16 所示的图片标注为例，标注员需要框选自动驾驶算法感兴趣的所有元素，并赋予其各类属性值。其"单框成本"为 0.1~0.2 元,"单图成本"为 1 元左右。在大模型时代,标注成本动辄上百万元,所以降低成本也是标注平台的长期任务。除了不断地优化标注工具和标注流程,尽可能采用"自动标注"也是一个热门的研究方向。

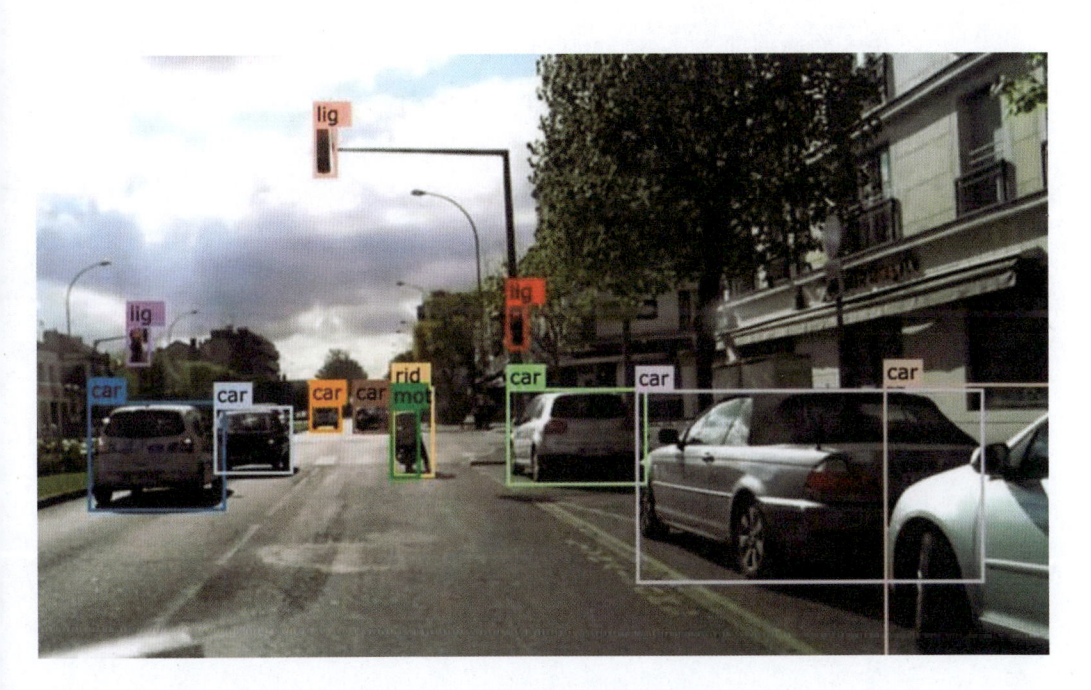

图 2-16 一张带标注框的交通图片

4. 模型训练平台

随着自动驾驶数据的积累和技术的发展,无论是多模块架构中的感知模块,还是端到端架构中的大模型,在训练过程中所需的数据量和显卡数量都已经远远超出了单台计算机的性能极限。因此,大规模分布式模型训练平台已经成为自动驾驶研发中的标配基础设施,它能提供以下功能。

- 数据管道:顺畅地读取海量训练数据,完成特征抽取等准备工作。

- 资源调度：合理地分配 CPU、GPU、内存、存储以及机器间通信带宽等资源，让训练能够顺利进行，并尽量减少资源闲置。
- 模型服务：在训练中提供各类监控和追踪工具、容错管理、自动调参等服务，在训练后提供模型压缩和版本管理等服务。

一个优秀的模型训练平台，可以让机器学习工程师（Machine Learning Engineer, MLE）更多地专注于模型本身，"大数据+大算力"带来的工程化挑战则由平台来应对。

第 3 章

我们的"自动驾驶游乐场"

为了更好地理解自动驾驶，我们将打造一个可以实际运行的自动驾驶赛车系统（RoboRace）。该系统分为平台层（Playground Layer）和算法层（Algorithm Layer）两部分，如图 3-1 所示。

- 平台层：提供赛车场、主车、障碍车、传感器、通信中间件等设施。
- 算法层：接收传感器信号，发送控制信号，完成比赛并争取获得较好的名次。

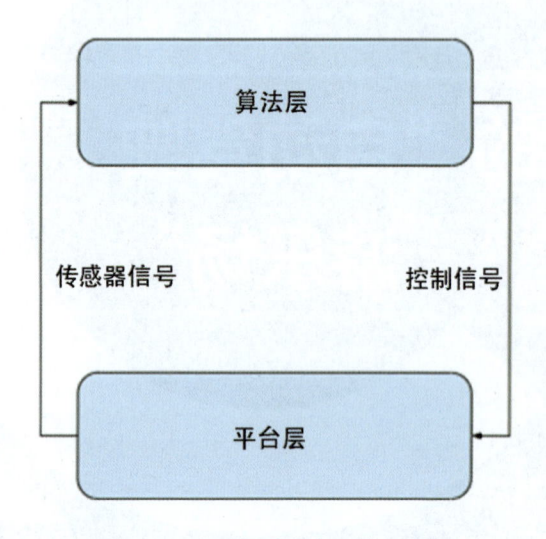

图 3-1　自动驾驶赛车系统示意图

平台层和算法层是相对独立的，在保证接口不变的情况下可以各自采用不同的实现。本章主要介绍平台层，我们将以著名的开源游戏 SuperTuxKart 为基础实现一个"自动驾驶游乐场"，后续章节将介绍图 3-2 所示的模块化自动驾驶和端到端自动驾驶大模型两种不同的算法架构的实现。

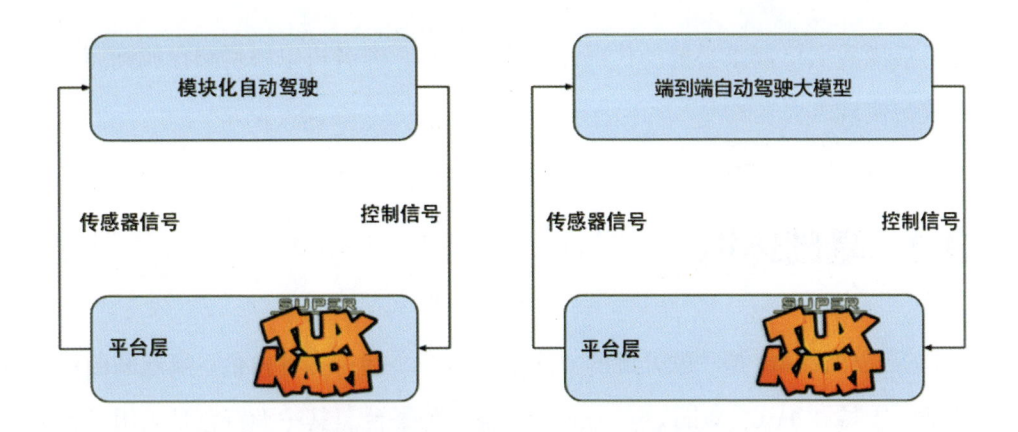

图 3-2 在同一个平台层实现不同的算法层

同理，我们可以将开发完成的自动驾驶算法适配到不同的平台实现上，例如图 3-3 所示的从虚拟环境迁移到实车，以尝试真正的自动驾驶。

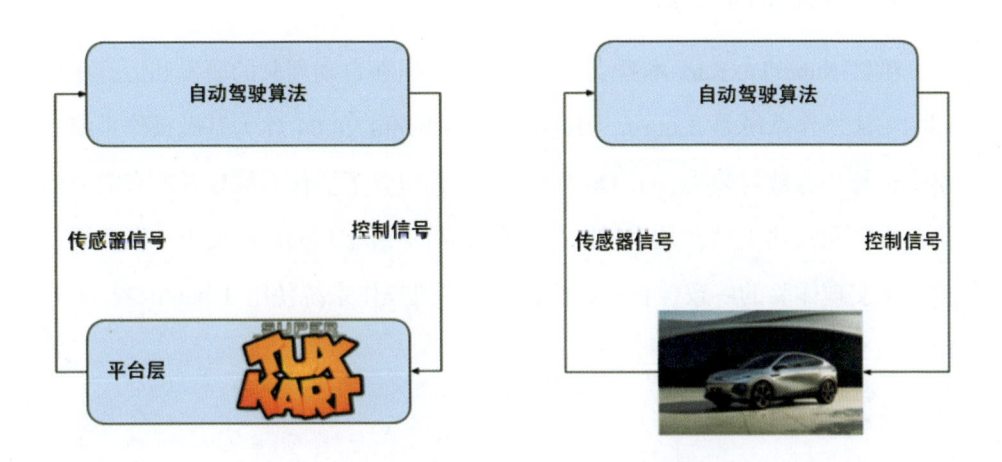

图 3-3 将自动驾驶算法从虚拟环境迁移到实车

本书中的代码全部开源。我们可以使用以下命令将平台层代码克隆到本地工作区：

```
git clone https://***hub.com/bang-drive/book-platform.git
```

后面我们仅摘录必要的代码片段辅助讲解，读者可以根据路径找到完整的代码实现。

3.1 基础环境

SuperTuxKart 是一款开源的 3D 赛车游戏，拥有多种角色、赛道和游戏模式，支持 Linux、Windows、macOS 等多种平台。其一大特色是采用了各种开源项目的吉祥物作为赛车手，非常有趣。欲了解更多信息，可以查看其主页。接下来，我们将 SuperTuxKart 本身的概念映射到自动驾驶技术栈中，形成 RoboRace 系统的基础环境。

1. 构建和运行平台

虽然 SuperTuxKart 本身支持多种平台，但在自动驾驶的研发和运行中使用的主流操作系统是 Linux，因此我们将 Ubuntu 24.04 作为基础操作系统。整个运行环境被封装为一个 Docker 镜像，其包含了操作系统以及所有需要的第三方库和构建工具，几乎可以在所有较新的主流 Linux 环境中开箱即用。但为了实现体验的一致性和稳定性，建议主机操作系统使用 Ubuntu 22.04 或 Ubuntu 24.04。

启动容器：

```
./bang/docker/start.sh
```

构建平台：

```
./bang/build.sh
```

运行平台：

```
./bang/run.sh
```

如此简单三步，平台即进入运行状态，可以看到图 3-4 所示的游戏画面，并且可以使用方向键进行"人工驾驶"。

图 3-4　游戏画面

2. 地图

SuperTuxKart 提供了数十条有趣的赛道，包含城市、乡村、沙漠甚至室内等各种路面，如图 3-5 所示。

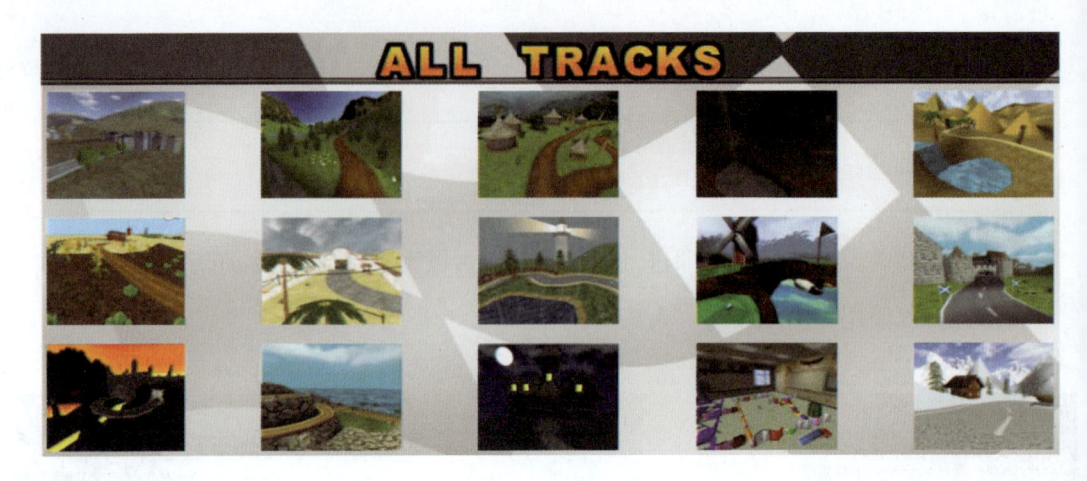

图 3-5 SuperTuxKart 提供的各种赛道

我们希望贴近现实中最广泛的路况，并且在开发过程中为开发者提供较为一致的环境，以利于算法的评分和迭代，因此选择了 Nessie's Pond 赛道（如图 3-4 所示）。该赛道代号为"scotland"，因此在 bang/run.sh 运行脚本中可以看到使用了如下参数：

```
--track="scotland"
```

此外，还有一条具有相似路况的 Northern Resort 赛道，但其积雪和下雪的效果会显著增加感知难度。有能力的读者可以修改运行脚本，重新启动游戏来进行挑战：

```
--track="snowmountain"
```

顺应当前业界主流方向，本书中将采用"无图模式"来介绍自动驾驶系统。对高精地图感兴趣的读者，可以尝试将赛道地图制作成 OpenDrive 格式的并在算法中使用。

第 3 章 我们的"自动驾驶游乐场"

3. 主车

"主车"是指自动驾驶系统中的主角车辆，我们以其"第一人称"视角观察周围世界，并拥有其控制权。在 SuperTuxKart 游戏中，主车为红色的方程式赛车，驾驶员是 Linux 内核项目的吉祥物 Tux，如图 3-6 所示。

图 3-6 SuperTuxKart 游戏中的主车和驾驶员

4. 障碍物与障碍车

在自动驾驶语境下，道路上存在的物体都可以被称为"障碍物"，其中最常出现的障碍物自然是其他车辆，被称为"障碍车"。在 RoboRace 语境下，障碍车自然就是其他参赛车。图 3-7 展示了 SuperTuxKart 游戏中的主车、障碍物（静态）和障碍车（动态）等。

为了贴近真实，我们将避免使用游戏中一些过于抽象的障碍车角色，例如图 3-8 所示的 Sara 和 Gnu。完整的障碍车角色列表可以从 bang/run.sh 运行脚本中获得。

51

图 3-7　SuperTuxKart 游戏中的主车、障碍物和障碍车等

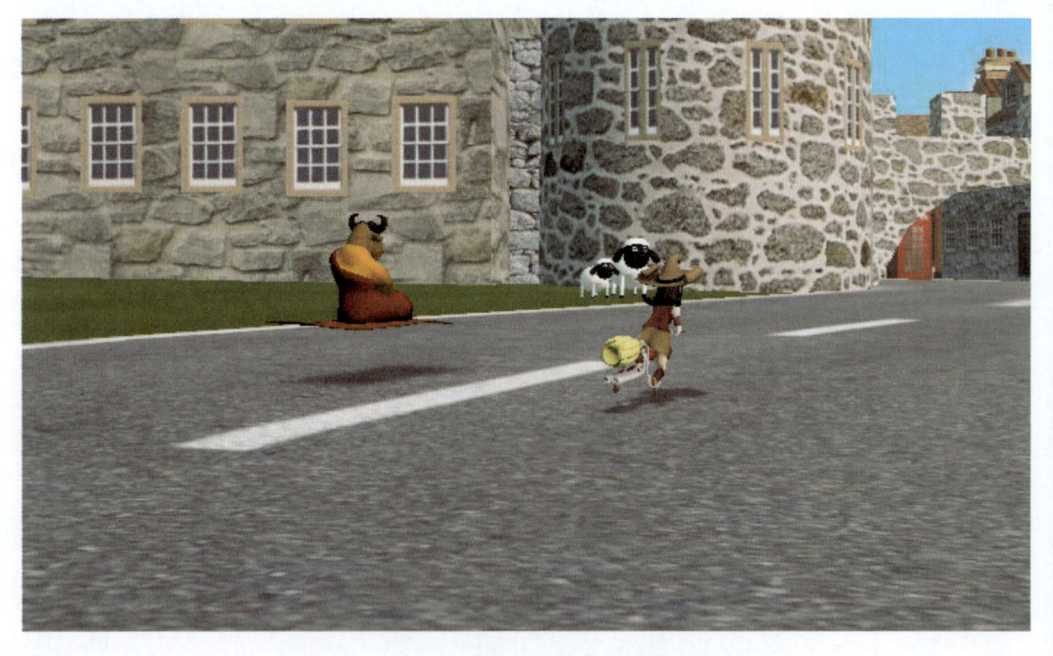

图 3-8　避免使用的过于抽象的障碍车角色

3.2 通信中间件

ROS 等主流通信中间件自成体系，为开发大型项目提供了诸多开箱即用的功能和强大的社区支持，同时，它也有较高的学习门槛。而本书关注的核心是自动驾驶算法，其他模块越简单明了越好。因此，我们直接使用 Redis 数据库作为通信中间件，使用其 Pub/Sub 机制来完成消息的收发，模拟 ROS 或 CyberRT 等通信中间件的核心功能。

Redis 容器化的启动方式非常简单，已经被包含在了 bang/docker/start.sh 启动脚本中：

```
docker run -d --restart=always -p 6379:6379 redis
```

作为业界最流行的数据库之一，Redis 提供了广泛的跨系统、跨语言能力，因此可以方便地解耦平台层与算法层，使它们可以各自采用最适合的开发环境。

1. 平台层的通信

平台层基于 SuperTuxKart 代码库，因此以 C++ 为开发语言。在 hiredis 工具库的帮助下，我们可以实现这样的辅助函数：

```
// src/main_loop.cpp, class RateLimitedThread
void publish(const std::string& topic, const std::string& data);
```

在此基础上即可以 JSON 格式发布结构化数据：

```
nlohmann::json chassis = {
    {"position", {
```

```
            {"x", position.getX()},
            {"y", position.getY()},
            {"z", position.getZ()}
        }},
        {"heading", heading},
        {"speed", {
            {"x", speed.getX()},
            {"y", speed.getY()},
            {"z", speed.getZ()}
        }}
    };
    publish(CHASSIS_TOPIC, chassis.dump());
```

同理，我们可以使用"PUBLISH <topic> %b"接口发布图片等二进制数据，使用"SUBSCRIBE <topic>"接口接收感兴趣的数据。

2. 算法层的通信

毋庸置疑，Python 是当今世界人工智能领域最流行的开发语言，因此算法层采用 Python 作为开发语言。在官方 redis-py 工具库的帮助下，我们可以很轻松地实现算法层与平台层或其他算法模块传递信息：

```
r = redis.Redis(...)

# 发布消息
r.publish(<topic>,<data>)

# 订阅消息
p = r.pubsub()
p.subscribe(<topic>, ...)
```

3.3 传感器

在第 2 章中我们介绍了一些传感器，并指出"纯视觉解决方案"是当前的热门研究方向。因此，在我们的车辆平台上将使用一台前视单目相机作为传感器，其视觉效果基本等同于手动操作 SuperTuxKart 时看到的屏幕渲染画面效果。

该相机采用 1024 像素×576 像素的分辨率，以 10Hz 的频率在"/bang/camera"频道上发布 JPEG 格式的实时图像，如图 3-9 所示。其产生数据的速度约为 1MB/s，在普通笔记本电脑上即可完成处理。如果读者有性能更强劲的电脑，则可以尝试使用具有更高的分辨率和发布频率的相机，甚至增加相机数量，以开发出更高质量的自动驾驶算法。

图 3-9　分辨率为 1024 像素×576 像素的前视单目相机的效果

此外，我们的车辆也具有定位传感器，它同样会以 10Hz 的频率在 "/bang/chassis" 频道上发布 JSON 格式的实时数据，其中包含主车位置、车头朝向以及速度等信息。

```
{'heading': 0.009643078781664371,
 'position': {'x': -3.7506635189056396,
              'y': 0.6436163783073425,
              'z': -22.397977828979492},
 'speed': {'x': -5.397102853521574e-08,
           'y': 0.08171957731246948,
           'z': 8.714809984766703e-10}}
```

"/bang/camera" 和 "/bang/chassis" 便是平台层向算法层提供的全部信息，而算法层需要根据这两组输入来完成对主车的操控。

3.4 线控

平台层除了要发布传感器信号，也要接收控制信号，并传递给主车，模拟真实世界中的车辆平台线控能力。我们将控制信号的频道设定为 "/bang/control"，平台层以 JSON 格式接收指令并传递给主车。

```
{
    "source": <控制信号来源>,
    "steer": <value>,
    "pedal": <value>,
}
```

各参数解释如下。

- steer：方向盘参数，取值范围为[-32768, 32768]，负值表示向左，正值表示向右。
- pedal：踏板参数，取值范围为[-32768, 32768]，负值表示刹车，正值表示加速。

与实车平台一样，我们的自动驾驶赛车系统同时支持人工驾驶与自动驾驶，并且可以随时通过回车键进行切换。当车辆处于自动驾驶模式时，主车完全由"/bang/control"频道上的控制信号操控；当车辆处于人工驾驶模式时，主车仅响应人工操作，"/bang/control"频道上的控制信号将被忽略。

3.5 第一个自动驾驶算法

总结前面的内容，一个完整的自动驾驶赛车系统呼之欲出。如图 3-10 所示，我们只需要提供一种自动驾驶算法，根据"/bang/camera"和"/bang/chassis"两个频道的实时数据，输出"/bang/control"频道上的控制信号，即可完成闭环。

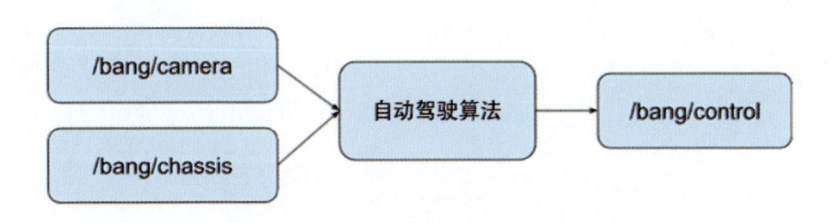

图 3-10　自动驾驶算法层的输入/输出

为此，我们实现了一个最简单的自动驾驶算法模块，即 Dragon Planner。它输出的控制信号在纵向上会控制把油门踩到底，在横向上会控制在左满舵和右满舵之间来回切换，产生俗称"画龙"的驾驶效果。算法层代码完全开源，可以使用以下命令将其克隆到本地工作区：

```
git clone https://***hub.com/bang-drive/book-algorithm.git
```

如果此时平台层未处于运行状态，则可以按照 3.1 节介绍的步骤启动平台，并按回车键进入自动驾驶模式。然后回到算法层工作区，使用以下命令配置环境并启动 Dragon Planner：

```
bash third_party/setup_toolchain.sh
bazel run //bang/planning:dragon_planner
```

读者暂时无须了解这两行命令的具体执行原理，只需要看到自动驾驶赛车系统已经运行起来！它在横向和纵向上都可以自主控制主车，画出蜿蜒的驾驶轨迹。如果我们在弯道处人工接管驾驶，在直道上恢复为自动驾驶，它就可以顺利完成比赛——根据第 1 章介绍的自动驾驶的等级标准，可以将其归类为 L2 级自动驾驶。

第 4 章

端到端自动驾驶大模型

本章我们将实现一个 L4 级自动驾驶算法。很自然地，算法层主要使用 Python 来实现。我们将使用 Bazel 来进行 Python 项目管理（如果读者对此已经比较熟悉，则可以跳过 4.1 节）。

4.1 使用 Bazel 进行 Python 项目管理

Bazel 是一个由 Google 开发并在内部使用多年后开源的构建和测试工具，类似于 Make、Maven 或 Gradle。Starlark 是 Bazel 构建系统的一部分，是基于 Python 打造的一种人类可读的高级构建语言，支持跨编程语言、跨操作系统、跨仓库的项目管理。

我们的算法层代码库已经完成了 Bazel 的完整配置，读者只需要运行一次工具链安装程序，即可使用它：

```
bash third_party/setup_toolchain.sh
```

在本书中，我们使用了 Bazel 7.3 和 Python 3.12 等。

1. 第三方库管理

算法层使用到的第三方 Python 库是在 third_party/requirements.txt 中定义的，如果需要增加、移除第三方库，或更改第三方库的版本限定，则可以直接编辑此文件。

为了确保项目的可复现性，Bazel 实际使用的是由 requirements.txt 文件调和、固化而来的 third_party/requirements_lock.txt 文件。每次对 requirements.txt 文件进行更改后，都需要运行以下命令来重新调和、固化：

```
bash third_party/resolve_requirements.sh
```

2. 构建规则

我们需要为 Bazel 项目中的所有目标程序编写构建规则，以使 Python 项目更加结构化和更加严密，与 C/C++项目更加接近。我们只需要了解两种目标程序。

（1）py_library：普通库，不可单独运行，例如工具类、工具函数等。

```
py_library(
    name = "topic",
    srcs = ["topic.py"],
    deps = [
        requirement("redis"),   // 第三方库
    ],
)
```

（2）py_binary：可执行程序。

```
py_binary(
    name = "dragon_planner",
    srcs = ["dragon_planner.py"],
    deps = [
        requirement("absl-py"),   // 第三方库
        "//bang/common:topic",    // 其他 py_library
    ],
)
```

py_library 和 py_binary 既可以依赖第三方库，也可以依赖其他 py_library。

作为一种最佳实践，不推荐只依赖 py_binary 目标程序。

3. 运行可执行程序

使用 bazel run 命令可以直接运行 py_binary 目标程序。Bazel 会处理所有的幕后工作，例如，下载指定的 Python 解释器版本、拉取所需的第三方库等。

```
bazel run //bang/planning:dragon_planner
```

本节虽然只介绍了 Bazel 最基础的用法，但对于运行本书涉及的所有代码已足够。如果读者想要进一步学习 Bazel，则可以阅读官方文档或 *Beginning Bazel* 一书等。

4.2 模型设计

当我们使用键盘手动驾驶时，所有的驾驶操作都是通过按下四个方向键来实现的，如果以 0000~1111 进行编码，则总共有 16 种可能的操作类别。在人工智能领域，这是一个典型的"分类问题"，即根据当前的世界状态，判定输出为 16 种类别中的哪一种。

更进一步，可以发现我们几乎总是按下前进键，并且不会同时按下左右键，因此可以将类别简化到三种："直行"、"左转"和"右转"。图 4-1 展示了一组模型输入/输出示例。

执行左转或右转操作的逻辑原因是多样的，例如前方道路弯曲、主车朝向倾斜、躲避其他车辆或障碍物等。幸运的是，在大模型解决方案中，我们不需要考虑这些具体逻辑，只需要设计一个合理的模型，再源源不断地提供高质量的数据，就能持续改进算法的效果。

第 4 章　端到端自动驾驶大模型

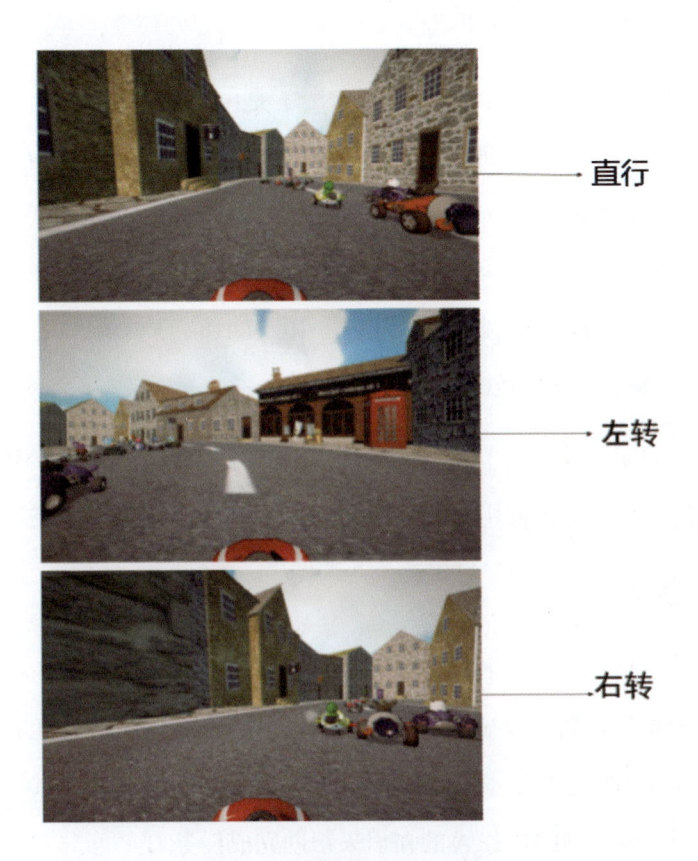

图 4-1　模型输入/输出示例

对于一个仅有三种类别的"分类问题"，我们可以从一个先进的小模型开始进行迁移学习，此处选择残差网络 ResNet18。如图 4-2 所示，该模型只需要从输入图像推理出 0、1、2 三种类别，再转译为控制信号即可。

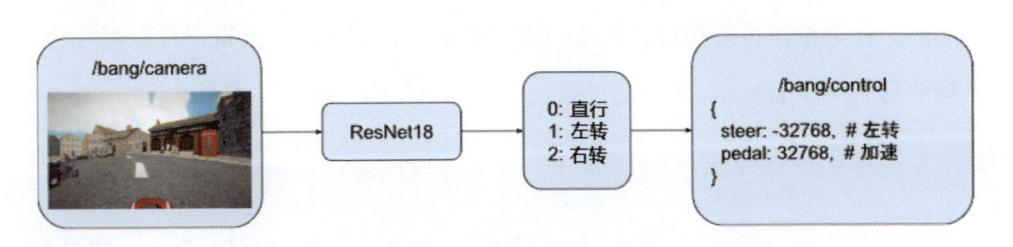

图 4-2　一种最简单的端到端模型解决方案示意图

63

1. 残差网络 ResNet18

残差网络（Residual Network，ResNet）是由微软亚洲研究院的何恺明、张祥雨、任少卿、孙剑等研究人员于 2015 年提出的，并在当年的 ImageNet 大规模视觉识别挑战赛（ImageNet Large Scale Visual Recognition Challenge，ILSVRC）中一举夺得冠军。ResNet 尤为擅长图像分类问题，我们可以根据数据集的大小、任务的复杂性等选择 ResNet18、ResNet34、ResNet50、ResNet101，甚至更多层数的复杂模型。

这里我们使用较为简单的 ResNet18，来充分体验深度学习的强大之处。有余力的读者可以尝试使用更大的模型来实现更好的自动驾驶算法。

2. 迁移学习

迁移学习是机器学习的一个研究领域，它利用已经训练好的模型或知识来解决新的相关问题，以显著提高新任务的学习效率和性能，尤其是当新任务的数据集较小时。其基本思想就是利用任务 A 和任务 B 在某些方面的相似之处，使用已经学到的任务 A 的知识来帮助完成任务 B。

经过预训练的 ResNet 模型，就是一个能够识别生活中大量常见物体的"百科全书"。而我们要解决的问题，也与这些物体息息相关，例如汽车、摩托车、道路、房屋、岩石、草坪、河流、动物等。模型从这些物体的基础知识出发，再习得一些额外信息，例如，什么物体是移动的，什么物体是静止的，什么物体可以驶过，什么物体需要避让，等等，就大概率可以进行合理的驾驶操作了。

4.3 数据收集

毋庸置疑，高质量的数据是人工智能研发的核心，其重要性甚至高于模型结构本身。本节我们将实现一个高效的数据收集程序，为端到端模型构建包括标注（Label）在内的训练数据集。

1. 原始数据

原始数据就是前视单目相机拍摄到的图像，非常直观，可以直接从"/bang/camera"频道实时获取。

2. 标注数据

标注数据就是"直行"、"左转"和"右转"三个操作之一，在人工驾驶过程中，可以从键盘获取标注数据。这也是一种控制信号，因此我们修改了车辆平台层代码，将其发布到"/bang/control"频道，并且使用 source 字段标注其来源。

```
{
    "steer": <value>,
    "pedal": <value>,
    "source": "keyboard",
}
```

我们的操作都是基于刚刚看到的环境信息的，所以可以根据时间顺序，将相邻的两帧（/bang/camera、/bang/control）匹配为"原始数据和标注数据对"。虽然它们的时间间隔没有严格匹配人类的反应时间加上系统延迟时间，但这两类数据都具有一定的持续性，因此可以认为大部分数据对是有效的。

3. 噪声数据

如果一些非正常的数据进入训练数据集，则往往会严重影响算法的效果，或影响算法的收敛速度。例如非行驶画面数据、受困和救援画面数据、倒车数据等，这类数据在我们基于 ResNet18 建立的首个驾驶模型中用处不大。一种判定数据是否有效的简单方法是，仅在主车速度大于一定的阈值时才认定数据是有效的。而主车速度可以从 "/bang/chassis" 频道中获取。

综上所述，我们实现了数据记录器，通过订阅 "/bang/camera"、"/bang/chassis" 和 "/bang/control" 三个频道，将符合条件的数据存储到指定的目录下。数据记录器的运行方式如下：

```
# 代码位置：bang/end2end/data_recorder.py
bazel run //bang/end2end:data_recorder -- --data_dir=/home/data/e2e
```

数据记录器启动后，我们就可以切换到"车辆平台"代码库，执行以下运行脚本并开始手动驾驶。如果读者对这部分操作不太熟悉，则可以回顾第 3 章的内容。

```
./bang/run.sh
```

该脚本中包含了一个 --laps 参数，用于设置一场比赛的圈数。如果希望连续录制更多的数据，则可以对其进行修改后再执行运行脚本。在首次训练前，建议累计收集至少 30 圈的驾驶数据，50 圈更佳。相应地，为"直行"、"左转"和"右转"三种操作类别都收集至少 2000 张图像。

为了让算法更快地收敛，我们可以在手动驾驶过程中保持某种"习惯"，例如，尽量让车辆靠近车道的中线，或者保持在右侧车道的中央，以便于模型可以快速习得这种"习惯"，在较小的数据集上就能够得到可行的"驾驶智能"——虽然对于赛车来说这不是最优策略。

在录制了每帧数据后,将其存储在 <data_dir>/<label>/···/<timestamp>.jpg 中,其中 data_dir 是由用户指定的数据根目录,label 是 0_STRAIGHT、1_LEFT 和 2_RIGHT 三者之一,每个 label 子目录下则是分散存储的数据点。以这种方式存储的数据,可以直接被主流的第三方库 torchvision.datasets.ImageFolder 读取为"图像数据集",用于 PyTorch 模型训练,非常直观、方便。

4.4 模型训练

本节我们就使用业界主流的 torch 和 torchvision 框架来完成模型训练代码的开发,主要流程和超参数都使用最常见的配置。为了便于展示,我们对代码进行了部分简化,读者可以从 bang/end2end/train.py 中查阅完整代码。

1. 读取数据

如前面所述,我们可以使用 torchvision.datasets.ImageFolder 直接读取录制好的数据。在读取时,根据 ResNet18 模型的最佳实践,对原始图像进行两步变换——调整尺寸和张量化。最后,将数据集信息传入数据加载器(Data Loader),以常见的 16 或 32 作为批大小(batch size)。

```
dataset = torchvision.datasets.ImageFolder(
    data_dir, transform=torchvision.transforms.Compose([
        torchvision.transforms.Resize((224, 224)),
        torchvision.transforms.ToTensor()]))
loader = torch.utils.data.DataLoader(dataset, batch_size=16, shuffle=True)
```

2. 配置模型

我们从一个预训练的 ResNet18 模型开始，将最后的全连接层出度指定为 3，对应 0_STRAIGHT、1_LEFT 和 2_RIGHT 三种类别。损失函数、优化器以及学习率等都使用比较常见的配置。

```
model = torchvision.models.resnet18(weights='DEFAULT')
model.fc = torch.nn.Linear(512, 3)
criterion = torch.nn.CrossEntropyLoss()
optimizer = torch.optim.Adam(model.parameters(), lr=0.001)
```

3. 训练模型

在模型训练部分采用最常见的形式，即前向传播、损失计算、反向传播、更新模型参数，如此迭代 10 轮。

```
for epoch in range(10):
    model.train()
    for images, labels in loader:
        optimizer.zero_grad()
        outputs = model(images)
        loss = criterion(outputs, labels)
        loss.backward()
        optimizer.step()
```

4. 保存模型

最后将模型保存在指定的位置。

```
torch.save(model, 'model.pt')
```

至此,我们就得到了第一个端到端自动驾驶大模型。

4.5 模型部署

使用我们所获得的模型可以从图像推理出下一步方向盘的操作。接下来,需要将模型部署到自动驾驶系统中,它与通信中间件进行交互,输出完整的控制信号。

1. 同步模式

同步模式是一种最简单的设计,即每收到一帧图像,就进行一次推理,发布一帧控制信号。

```
def proceed(message):
    # 读取图像
    image = PIL.Image.open(io.BytesIO(message))
    image = transform(image).unsqueeze(0)

    # 推理
    outputs = model(image)
    _, predicted = torch.max(outputs, 1)

    # 发布控制信号
    if predicted.item() == 0:
        publish('/bang/control', {'pedal': 32768, 'steer': 0})  # 直行
    elif predicted.item() == 1:
        publish('/bang/control', {'pedal': 32768, 'steer': -32768})  # 左转
```

```
else:
    publish('/bang/control', {'pedal': 32768, 'steer': 32768})  # 右转
```

在同步模式下，假设图像信号与控制信号的频率是相同的，比如在我们的系统中都是 10Hz。但这种假设非常脆弱，现实中的自动驾驶系统一般都不满足；此外，频道间的强耦合性还会带来诸多性能和功能安全上的缺陷。因此，包括自动驾驶系统、机器人系统等在内的"具身智能体"的研发，模块间一般都采用异步协作方式。

2. 异步模式

对同步模式进行拆解，我们可以看到需要执行三个操作：

（1）从"/bang/camera"频道获取视觉图像。

（2）使用模型对图像进行推理。

（3）向"/bang/control"频道发送由推理结果转换的控制信号。

在异步模式下，我们可以使用两个线程来完成操作。其中，第一个线程负责获取视觉图像并进行推理。

```
CURRENT_STEER = 0

# 每次收到/bang/camera 信息时触发
def camera_receiver(message):
    # 读取图像
    image = PIL.Image.open(io.BytesIO(message))
    image = transform(image).unsqueeze(0)

    # 推理
    outputs = model(image)
```

```
_, predicted = torch.max(outputs, 1)

global CURRENT_STEER
if predicted.item() == 0:
    CURRENT_STEER = 0      # 直行
elif predicted.item() == 1:
    CURRENT_STEER = -32768   # 左转
else:
    CURRENT_STEER = 32768    # 右转
```

第二个线程负责定时发送控制信号。

```
def control_publisher():
    CONTROL_PUBLISH_INTERVAL = 0.1

    global CURRENT_STEER
    while True:
        Topic.publish('/bang/control', {'pedal': 32768, 'steer':
CURRENT_STEER})
        time.sleep(CONTROL_PUBLISH_INTERVAL)
```

这种实现看上去与同步模式差别不大，主要是因为系统较为简单。现实中的自动驾驶系统一般存在以下需求：

- 传感器信号的频率大约为 20Hz，而控制信号的频率大约为 100Hz，以便对车辆进行更细腻的控制。采用异步模式可以很自然地满足这一需求，只需要将 CONTROL_PUBLISH_INTERVAL 参数调整为 0.01 即可。
- 传感器的种类和数量都大于 1，采样频率也各不相同。在这种情况下，推理模块需要从多个输入频道中获取最近的一帧或多帧数据才能完成工作（可以在单独的线程中进行）。

完成上述代码的开发后，就可以在命令行窗口中启动并运行自动驾驶系统了。

```
# 代码位置：bang/end2end/run.py
bazel run //bang/end2end:run
```

如果平台层也处于运行状态，那么"/bang/camera"频道上就会源源不断地有传感器数据，端到端模块会读取这些数据，再源源不断地将控制信号输出到"/bang/control"频道上。

代码库中提供了一个方便使用的频道数据读取工具 Topic Viewer，通过它可以实时查看各个频道上的信息，例如查看控制信号：

```
# 代码位置：bang/tools/topic_viewer.py
bazel run //bang/tools:topic_viewer -- --topic=/bang/control
```

如果频道输出一切正常的话，在主车驾驶窗口中按下回车键，就可以进入自动驾驶模式，将控制权交给"/bang/control"频道。现在，我们的主车动起来了！

4.6　优化迭代

第一个版本的模型往往效果一般，可能需要多次人工接管驾驶才能顺利完成比赛。但整个数据闭环已经建立起来，通过分析模型的表现，可以有针对性地进行优化迭代。

1. 提高数据的平衡性

对数据集稍加分析，就会发现"直行"、"左转"和"右转"三种类别的数据是非常不平衡的。首先，"直行"数据可能占总样本量的 70% 以上，这是符合直觉的。在真实的公路上驾驶车辆的"直行"数据甚至会占到 90% 以上，因为在修建道路时总是倾向于移动效率最高的长直路。

其次，环形赛道显然也会引起"左转"和"右转"数据的不平衡，一般顺时针赛道有更多的右转，逆时针赛道有更多的左转。

不平衡的数据会导致模型在"小众"类别上表现较差。例如，在原始数据集上训练出来的模型，只要一直输出"直行"，就能达到 70% 以上的准确率，但是驾驶效果近乎于 0。

作为一个不错的起点，我们可以赋予"直行"、"左转"和"右转"相同的权重，也就是按 1∶1∶1 对原始数据进行抽样。重新训练后，应当可以观察到驾驶效果有了显著提升。在此基础上，如果要在数据层面继续改善模型，上策是采集更多的数据，下策是调整抽样比例。后者更像是一种"作弊"，但却可以快速改善模型在当前赛道上的表现，提升开发者的信心。开发者可以采取以下调整策略。

（1）模型在三种类别上的表现都不够好：采集更多的数据。

（2）模型在两种类别上的表现不够好：将第三种类别的抽样比例降低 10%。

（3）模型在一种类别上的表现不够好：将该类别的抽样比例提高 10%。

2. ROI 预处理，减少无效信息

在计算机视觉中，感兴趣区域（Region of Interest，ROI）是一种重要的预处理技术，它通过标记特定区域来显著减少干扰，提高处理效率。ROI 是

我们根据观察和经验得出的、在当前设置下普遍适用的"专家知识"。在数据量有限的情况下，我们直接将这种"专家知识"告诉模型，会大大加快研发速度。

例如图 4-3 所示的一帧原始图像，对于下一步的驾驶行为来说，最关键的信息就是道路和障碍物，它们显然属于 ROI 的一部分。此外，还有两个区域，我们分别来讨论。

图 4-3　一帧原始图像

（1）主车的驾驶状态为"右转"，而这帧图像被标注的"下一步的驾驶行为"也是"右转"，这是符合直觉的，因为驾驶行为在亚秒级别具有明显的连续性。但是否应该把这种"连续性"纳入模型的学习目标呢？一般是不应该的。由于系统的固有延迟，驾驶操作本身已经是对外部环境的"滞后反应"，我们下一步的操作就应该尽量基于最新的信息，甚至做一些预判，而不是参考一个已经滞后的操作。当然，这个逻辑在我们的场景中是成立的，但是不代表在所有的场景中都成立。在实车、有乘客的自动驾驶中，"体感"是仅次于"安全"的考量因素，这就对操作的连续性有了更高的要求。频繁切换左转和右转，或反复轻点油门和刹车，都会给乘客造成极大的不适感。

在 Python 代码中，我们可以使用 OpenCV 图像处理库来完成这项操作。OpenCV（Open Source Computer Vision Library）是一个开源的计算机视觉和机器学习软件库，主要用于读/写、处理图像和视频数据。它集成了诸如滤波、边缘检测、关键点检测、特征匹配、几何变换等图像处理技术，也集成了视频编解码以及帧操作等视频处理技术。Pillow 是一个功能强大的图像处理库，它是 PIL（Python Imaging Library）的分支并被进一步开发而成，提供了丰富的图像处理功能，很多时候可以与 OpenCV 替换使用。在人工智能时代，OpenCV 和 Pillow 也被广泛用于原始数据的预处理等环节，掌握它们的使用方法是计算机视觉工程师必备的能力。

下面我们就使用 OpenCV 图像处理库来完成 ROI 裁剪。

```python
import cv2


TOP_LEFT = (395, 520)
BOTTOM_RIGHT = (TOP_LEFT[0] + 234, TOP_LEFT[1] + 56)
COLOR = (0, 0, 0)  # 黑色


def process(input_path, output_path):
    image = cv2.imread(input_path)
    image = cv2.rectangle(image, TOP_LEFT, BOTTOM_RIGHT, COLOR, -1)
    cv2.imwrite(output_path, image)
```

我们也可以使用 Pillow 图像处理库来完成这项操作。

```python
from PIL import Image, ImageDraw


TOP_LEFT = (395, 520)
BOTTOM_RIGHT = (TOP_LEFT[0] + 234, TOP_LEFT[1] + 56)

def process(input_path, output_path):
    image = Image.open(input_path)
    draw = ImageDraw.Draw(image)
    draw.rectangle([TOP_LEFT, BOTTOM_RIGHT], fill='black')
    image.save(output_path)
```

处理后的图像如图 4-4 所示。这两段代码足以展示出 Python 生态的强大，熟练掌握主流的第三方库的使用方法，可以让我们站在巨人的肩膀上看得更远。

图 4-4　ROI：遮蔽主车信息后的图像

（2）在处理完主车后，图像中还有一大片区域，就是包括天空在内的"道路外景观"。对于驾驶任务来说，这些信息可以说是无用的。但是在有限的数据集上，模型可能得出一个荒谬的逻辑结论——当看到左边有圆形的云朵时，应该向右转。这种错误在游戏场景中更容易出现，因为对于"天空盒"或者说"穹顶"往往没有进行随机化，而是以固定的方式渲染的。在现实世界中，模型则可能根据地标建筑或者山脉、树木等进行了某项操作。虽然这项操作是正确的，但它限制了模型的泛化能力。也就是说，将车辆移动到一个道路状态完全相同的地方，由于参照物的缺失，它也就失去了自动驾驶能力。因此，我们希望模型更加专注于从道路进行推断，而非道路外的环境。

对图像进行测量后，可知图像的下半部分就是我们需要的几乎所有信息了。即便因为车辆俯仰角的不同而"不幸"裁剪掉了一点点远处的道路，也是无伤大雅的，因为下一步操作只需要近处的道路信息。

同样地，我们可以使用 OpenCV 图像处理库来完成图像裁剪操作。

```
import cv2

def process(input_path, output_path):
    image = cv2.imread(input_path)
    h, w = image.shape[:2]
    image = image[h // 2:, :]
    cv2.imwrite(output_path, image)
```

我们也可以使用 Pillow 图像处理库来完成这项操作。

```
import PIL.Image
```

```
def process(input_path, output_path):
    image = PIL.Image.open(input_path)
    w, h = image.size
    image = image.crop((0, h // 2, w, h))
    image.save(output_path)
```

处理后的图像如图 4-5 所示，可以发现其信息更加凝练，几乎整张图像都是驾驶操作所需要的。

图 4-5　ROI：裁剪掉上半部分后的图像

这样的训练素材，显然比原始图像的"信息密度"大多了。为简单起见，我们把上述 ROI 处理过程直接集成到了数据记录器（bang/end2end/data_recorder.py）中，使数据集缩小到原来的 20% 左右，大大节省了磁盘容量。

在经过 ROI 处理的数据集上重新进行模型的训练和部署，可以观察到驾驶效果有了质的提升，足见 ROI 对于图像处理的重要性。

4.7　其他改进方向

本章介绍的自动驾驶算法仅以"完成比赛"为目标，让读者建立起信心，发现自动驾驶的趣味性。在此基础上，有余力的读者可以尝试更多的改进方法。

1. 避免碰撞

作为一款卡丁车游戏，SuperTuxKart 中的碰撞是无损的，但是在实际行车中，即便是轻微的剐蹭也应该尽力避免。如果以最终迁移到实车为算法的目标，则应该纳入这一标准。从数据入手，可以考虑剔除导致碰撞的数据点；从模型入手，可以考虑引入"减速"类别——在实车中也是最有效的防碰撞策略。

2. 回归模型

使用"分类模型"给出的操作等效于键盘输入中的四个方向键，也等效于实车驾驶中的"左满舵"、"右满舵"、"地板油门"和"地板刹车"，这显然是非常粗糙的驾驶行为。如果要获得更加平滑的驾驶动作，就要把"分类模型"升级为"回归模型"，让模型在四个方向上的输出从 {0, 1} 的取值集合变换为 [0, 1] 的取值空间，再变换为 SuperTuxKart 可以接受的数值范围 [0, 32768]。也就是说，在横向和纵向上都有了大约 65000 种不同强度的操作，远超过人类操作的细腻程度。

当然，训练回归模型会对数据采集提出完全不同的要求，使用键盘基本无法实现，需要用到矢量输入设备，例如图 4-6 所示的摇杆手柄、方向盘、压感踏板等。

图 4-6 常见的矢量输入设备

3. 强化学习

对深度学习有所了解的读者应该可以感受到，自动驾驶车辆，尤其是赛车，与下棋是非常相似的。如果让模型仅从人类驾驶数据中学习和模仿，它最多会变成一个中上水平的司机。正如 AlphaGo 击败了人类棋手，使用强化学习技术有望打造出超越人类水平的司机。

强化学习强调通过试错和延迟奖励来自主探索解空间，通过与环境的交互来学习如何采取行动以最大化累积奖励。

例如，赛车游戏的累积奖励就是以更短的时间完成比赛、赢得胜利。在海量的自主驾驶数据中，主车随机探索各种操作策略，其中一些探索获得了奖励，例如：

- 压内侧排水沟过弯。
- 驶过"加速特效"标记。
- 发现一条隐蔽的捷径。

另一些探索则受到了惩罚，例如：

- 驶入草地。
- 驶过打滑的"香蕉皮"。
- 在直道上左右摆动和减速。

很多操作策略可能是我们自己想不到的，例如隐蔽的捷径，甚至是游戏设计人员和开发人员都不曾想到的，俗称"卡 Bug"。这都说明了强化学习的效率和潜力远远大于有监督学习，值得我们深入探索。

第 5 章

感知模块详解

从本章开始，我们将介绍更为经典的模块化自动驾驶技术。它上承机器人技术，下启无人机技术，在这个"大模型时代"虽然略显老套，但其凭借成熟性、稳定性、可解释性和易修复性等诸多优点，在自动驾驶领域仍然会保持长久的活力。

在第 2 章中我们已经介绍过，感知模块是模块化自动驾驶技术的核心。尤其是在如今盛行的无图模式下，感知模块的重要性进一步提升。曾经被硬编码在高精度地图中的信息，如车道线、交通标识等，都交由感知模块动态识别。

针对自动驾驶场景，本章将首先介绍如何设计并实现一个最小化的感知模块，帮助读者理解其原理和作用，然后介绍当前业界的前沿研究。

5.1 模块设计

现实中的交通场景是非常复杂的，除了车道线、红绿灯等数量繁多的静态参与者，更有数之不尽、形态各异的动态参与者。但在 SuperTuxKart 场景中，除主车之外，我们只关注两个参与者：

- 静态参与者，主要是前方道路。
- 动态参与者，主要是其他赛车。

为了进一步降低算法的难度，我们对 Z 轴忽略不计，也就是假设整个场地没有上下坡，所有的车辆在行驶过程中也不会产生俯仰角，这样就建模出了一个非常简单的二维世界。这种建模对于我们所选择的比赛赛道是基本合理的，但如果读者想尝试其他有大角度上下坡的赛道，则应当考虑引入 Z 轴信息，将问题域扩展到三维空间来处理，这也是更加接近真实世界的自动驾驶场景。

图 5-1 展示了这种极简的感知模型输入/输出示例——感知模块将来自传感器的输入转化为对世界的建模和理解。左侧的输入数据来自唯一的传感器——主相机，其数据类型可被称为"3D 单目透视图"；右侧的输出数据类型可被称为"2D 鸟瞰图（Bird's Eye View，BEV）"。我们用不同颜色醒目地展示了所有参与者。

- 黄色：主车。
- 红色：其他参赛车辆。
- 绿色：可行驶道路。
- 黑色：不可行驶区域。

图 5-1 感知模块将来自传感器的输入转化为对世界的建模和理解

可以想见，有了这样一个由感知模块提供的"世界模型"，并且以 10Hz 的频率不断更新，下游模块就可以做出有效的驾驶决策。以图 5-1 为例，稍向左转可以使主车处于更好的位置，直行在短时间内也可以接受，但右转会使主车处于不利的位置。

因此，我们所设计的感知模块就是读取"/bang/camera"频道上的图像信息，然后在"/bang/perception"频道上发布感知结果。在设置结果的数据格式时，要充分考虑后继模块的需求，因此在开发过程中可以不断迭代调整。目前，我们可以把它设置为最简单的格式：

```
{
    time: 1734799808.809614,              # 感知截止时间
    road_mask: [[0, 255, 255, …] …],      # BEV 视角下的道路信息
    scale: 16.96,                          # 世界坐标到 BEV 坐标的比例尺
    obstacles: [(176, 33), …],             # 障碍物（其他赛车）后轴中心
}
```

5.2 代码实战

本节我们将探索 OpenCV、YOLO 等各种可用的工具，并一步步通过代码来实现前面设计的感知模块。

5.2.1 使用 OpenCV 进行 BEV 透视变换

透视变换（Perspective Transformation）是一种几何变换，用于将图像从一个视平面投影到另一个视平面，并保持物体的共线性和关联性。人眼或相机看到的是一种具有"近大远小"特性的三维透视图，而对于计算机来说，更容易处理的是客观反映相对大小和位置关系的非透视图。

这样的透视变换有着广泛的应用，在日常生活中，比较常见的一种场景就是将用手机拍摄的纸质文件照片转换为类似于扫描的效果，如图 5-2 所示。这种四点透视变换可以去除无关背景、纠正姿态歪斜等，就像将纸质文件平铺在扫描仪上扫描一样。

图 5-2 生活中用到的透视变换——用手机充当文件扫描仪

这也正是我们在图 5-1 中看到的情形，甚至更具规则性。相机的成像主要依赖如图 5-3 所示的视锥（Frustum）设置，而水平地面在这个视锥上的投影是一个等腰梯形。我们要做的就是把这个三维透视视角下的等腰梯形，变换为类似于"鸟瞰效果"的矩形。

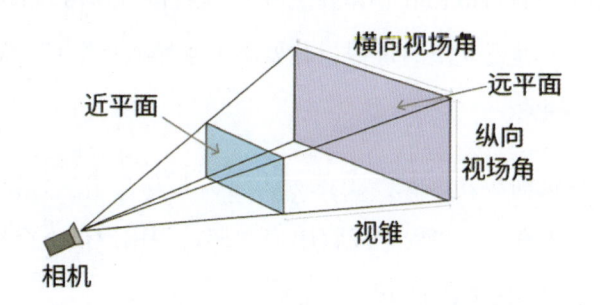

图 5-3 相机的视锥示意图

目标梯形的四个顶点，可以根据相机的参数精确计算得到。这里需要简要介绍一下自动驾驶传感器标定中的"内部参数"和"外部参数"两个重要概念。

1. 内部参数

内部参数，简称"内参"，指传感器自身的特性参数，例如相机的焦距、光心位置、像素比例和畸变系数等。这些参数决定了传感器如何将外部世界的物体映射到其内部的坐标系中。内参值通常在传感器出厂时就已确定，但由于制造工艺的误差，同型号的任意两个传感器的内参也可能存在微小差异。因此，在完成传感器的制造后，往往还需要通过实验对其进行精确的内参标定。

2. 外部参数

外部参数，简称"外参"，指传感器与外部坐标系之间的转换关系，例如传感器在车辆上的安装位置、旋转和平移姿态等。这些参数决定了传感器如何将其内部坐标系中的坐标转换到车辆的全局坐标系中。外参标定一般是在受控环境中进行的，例如对于相机，可以使用专用的棋盘格标定板，拍摄多张图像来反向解算相机的旋转和平移矩阵。

虽然我们从 SuperTuxKart 游戏配置中可以直接得到相机的内外参数，但为了更直观地展示透视变换的过程，此处不追求精确的数值计算，而是使用三个工具来逐步探索。

第一个工具很简单，就是一个截屏工具。它在一个线程中订阅"/bang/camera"频道，在另一个线程中接收用户操作，当用户按下空格键时，将最近一帧图像保存到指定的路径下。

```
LAST_FRAME = None

# 线程1
def camera_receiver():
    global LAST_FRAME
```

```
    for message in Topic.subscribe(Topic.CAMERA):
        LAST_FRAME = message

# 线程2
def main():
    global LAST_FRAME
    while True:
        key = getkey()
        if key == keys.SPACE:
            data = np.frombuffer(LAST_FRAME, dtype=np.uint8)
            image = cv2.imdecode(data, cv2.IMREAD_COLOR)
            cv2.imwrite(output_file, image)
```

读者可以在 bang/perception/tools/camera_saver.py 中阅读完整代码。其使用方法如下：

```
bazel run //bang/perception/tools:camera_saver -- --data_dir=<path>
```

第二个工具是作图工具，使用这个工具可以在图像上画出一个平行于底边的等腰梯形。它首先将图像在水平方向上延伸到足够的宽度，相当于补充左右侧的视野盲区；然后根据用户定义的梯形的上边长度 a、高度 h 以及斜边坡度 slope，在图像上画出该等腰梯形。

```
import cv2

def main():
    # 在两侧进行填充
    slope_width = int(trapezoid_h / trapezoid_slope)
    image = cv2.imread(input)
```

```
padding = slope_width + trapezoid_a // 2 - image.shape[1] // 2
image = cv2.copyMakeBorder(image, 0, 0, padding, padding,
                           cv2.BORDER_CONSTANT, value=BLACK)

# 获取梯形
image_w, image_h = image.shape[1], image.shape[0]
top_left = (slope_width, image_h - trapezoid_h)
top_right = (slope_width + trapezoid_a, image_h - trapezoid_h)
bot_left = (0, image_h)
bot_right = (image_w, image_h)

# 绘制梯形
cv2.line(image, bot_left, top_left, RED, LINE_WIDTH)
cv2.line(image, top_left, top_right, BLUE, LINE_WIDTH)
cv2.line(image, top_right, bot_right, RED, LINE_WIDTH)

cv2.imwrite(output, image)
```

读者可以在 bang/perception/tools/draw_trapezoid.py 中阅读完整代码。其使用方法如下：

```
bazel run //bang/perception/tools:draw_trapezoid --
    --input=<path> --output=<path> --a=512 --h=280 --slope=0.1
```

为了获得较为直观的效果，读者可以将主车驾驶到一段较为平直的道路前，使用截屏工具截屏，再使用作图工具尝试不同的参数配置，观察效果是否理想，如图 5-4 所示。

图 5-4 使用截屏工具和作图工具调整透视变换参数

在此基础上，我们可以使用第三个工具 OpenCV 完成最后的透视变换。OpenCV 提供的功能被包装为两个非常方便使用的函数。

- M = cv2.getPerspectiveTransform(src_vertice, dst_vertice)：获得变换矩阵。其中，src_vertice 参数为原始图像中梯形的四个顶点，dst_vertice 参数为目标图像中四边形的四个顶点。

- dst_image = cv2.warpPerspective(src_image, M, dst_size)：完成透视变换。其中，src_image 参数为原始图像，M 参数为变换矩阵，dst_size 参数为目标图像的宽度和高度。

在作图工具的基础上，调用这两个函数就可以很方便地完成整个变换工作。

```python
import cv2
import numpy as np

def main():
    # 在两侧进行填充
    ...
    # 获取梯形
    ...

    # 变换
    src_vertice = np.float32([top_left, top_right, bot_right, bot_left])
    dst_vertice = np.float32([(0, 0), (dst_width, 0),
                              (dst_width, dst_height), (0, dst_height)])
    M = cv2.getPerspectiveTransform(src_vertice, dst_vertice)
    dst_image = cv2.warpPerspective(image, M, (dst_width, dst_height))

    cv2.imwrite(output, dst_image)
```

读者可以在 bang/perception/tools/warp_birds_eye_view.py 中阅读完整代码。其使用方法如下：

```
bazel run //bang/perception/tools:warp_birds_eye_view --
    --input=<path> --output=<path> --a=512 --h=280 --slope=0.1
    --dst_width=512 --dst_height=512
```

读者需要调整目标图像的大小，使其大致符合所选梯形的鸟瞰比例，最终得到一个效果较好的鸟瞰图，如图 5-5 所示。其特征之一就是远处和近处的道路宽度基本一致。

图 5-5　效果较好的鸟瞰图

在 3D 透视图中，我们只能隐约看到前方道路在一段直道后会略微向右拐到达城堡，而经过透视变换后，可以明显地看到道路先是微向左拐再向右拐，这样的细节呈现显然会给后续驾驶决策带来巨大帮助。

5.2.2 使用 OpenCV 进行道路检测

接下来，我们需要对道路进行检测。传统计算机视觉算法对此已经有了比较成熟的解决方案，即"车道线检测"，其典型过程如下：

```python
def process_frame(image):
    grayscale = cv2.cvtColor(image, cv2.COLOR_BGR2GRAY)

    # 应用高斯模糊消除噪声
    blur = cv2.GaussianBlur(grayscale, (5, 5), 0)

    # 应用 Canny 边缘检测算法来寻找候选车道线
    edges = cv2.Canny(blur, 50, 150)

    # 仅保留感兴趣区域的边缘检测结果
    region = region_selection(edges)

    # 应用霍夫变换将边缘检测结果连接为车道线片段
    hough = cv2.HoughLinesP(region, 1, np.pi /180, 20, 20, 100)

    # 将车道线片段连接为整条车道线
    return connect_lane_lines(image, hough)
```

这段代码中主要包含如下六个步骤。

（1）使用 cv2.cvtColor 将图像变换为更简单的灰度图。

（2）使用 cv2.GaussianBlur 对图像进行高斯模糊处理，抹去小的噪声点。

（3）使用 cv2.Canny 进行边缘检测，以发现图像中的颜色骤变区域，这对于醒目的车道线来说是非常有效的检测手段。

（4）仅保留感兴趣区域的边缘检测结果，因为道路一般位于图像中下部的梯形区域，而其他区域充斥着建筑、山脉、云朵等无关信息。

（5）使用 cv2.HoughLinesP 进行基于概率霍夫变换的直线检测，将边缘检测结果连接成一条条尽量长的直线，即"车道线片段"。

（6）在允许有一定弧度的情况下，将车道线片段连接为整条车道线。

至此，我们就得到了若干条连续的、基本平滑的车道线，每两条相邻的车道线构成了车道，所有同向车道则共同构成了自动驾驶车辆的"可行驶区域"。但自动驾驶车辆并不能在"可行驶区域"任意行驶，如图 5-6 所示，在大多数情况下，自动驾驶车辆应该在当前车道居中行驶，有需要的时候才会在保证安全的前提下向相邻车道变道。

图 5-6 在识别出车道线、车道后，自动驾驶车辆一般保持在当前车道居中行驶

在某些场景中，也可以直接对车道进行识别，例如没有喷涂车道线的乡村道路。此时可以使用 OpenCV 进行颜色拾取，其典型过程如下：

```
def process_frame(image):
    hsv = cv2.cvtColor(image, cv2.COLOR_BGR2HSV)
    mask = cv2.inRange(hsv, np.array([101, 3, 71]), np.array([165, 46, 167]))
    # 去除噪声
    kernel = np.ones((20, 20), np.uint8)
    mask = cv2.morphologyEx(mask, cv2.MORPH_CLOSE, kernel)
    # 平滑化
    mask = cv2.GaussianBlur(mask, (9, 9), 0)

    image[mask == 255] = GREEN
    image[mask != 255] = BLACK
    return mask, image
```

这段代码中主要包含如下五个步骤。

（1）使用 cv2.cvtColor 将图像变换为 HSV（色调、饱和度、亮度）模式，使其更符合人类对相近颜色的感知。

（2）使用 cv2.inRange 拾取一定的道路颜色区块，其上下界参数需要通过统计分析获得。我们所使用的赛场道路颜色的大概范围是 (101, 3, 71) ~ (165, 46, 167)。

（3）使用 cv2.morphologyEx 对拾取结果进行闭合运算，消除在路面识别中漏掉的"小黑洞"，如图 5-7 所示。

（4）使用 cv2.GaussianBlur 对图像进行高斯模糊处理，进一步平滑拾取结果。

（5）根据需要绘制出可视化结果。

图 5-7 对图像进行闭合运算可以消除"小黑洞"

此外，还有很多方法可以进行道路检测，不管是传统的视觉 SLAM（Simultaneous Localization and Mapping，即时定位与地图构建）方法还是前沿深度学习方法，在不同的场景中都有其各自的优势。

5.2.3 使用 YOLO 进行障碍物识别

在解决了静态环境感知问题后，我们还要完成对动态障碍物的感知，此时可以引入 YOLO 这一强援。YOLO（You Only Look Once）是用于物体检测和图像分割等常见图像处理任务的人工智能模型，一经推出便因其高速度和准确性而迅速流行起来。其又经过多次迭代和衍生，逐渐成为图像处理领域的标杆模型。

- YOLOv1（2015 年）由华盛顿大学的 Joseph Redmon 和 Ali Farhadi 开发，其以优异的性能奠定了 YOLO 家族的发展基础。
- YOLOv2（2016 年）通过纳入批量归一化、锚框和维度集群等改进了原始模型。
- YOLOv3（2018 年）使用更高效的骨干网络、多锚和空间金字塔池进一步增强了模型的性能。

- YOLOv4（2020 年）引入了 Mosaic 数据增强、新的无锚检测头和新的损失函数等。

- YOLOv5（2020 年）进一步提高了模型的性能，并增加了超参数优化、集成实验跟踪和自动导出为常用格式等新功能。

- YOLOv6（2022 年）由美团开源，目前已被应用于该公司的许多自主配送机器人中。

- YOLOv7（2022 年）增加了额外的任务，如 COCO 关键点数据集的姿势估计等。

- YOLOv8（2023 年）由 Ultralytics 提供，支持全方位的视觉 AI 任务，包括检测、分割、姿势估计、跟踪和分类等，这种多功能性使用户能够在各种应用和领域中采用 YOLO。

- YOLOv9（2024 年）引入了可编程梯度信息（PGI）和广义高效层聚合网络（GELAN）等创新方法。

- YOLOv10（2024 年）由清华大学的研究人员在 Ultralytics Python 软件包的基础上创建，通过引入端到端头（End-to-End Head）消除了非最大抑制（NMS）要求，实现了实时目标检测的进步。

- YOLOv11（2024 年）充分应用了 AI 领域最新的一些进展，在包括检测、分割、姿势估计、跟踪和分类等的多项任务中提供了先进的性能。

接下来，我们就使用最新的了 YOLOv11 标准模型来开发一个 YOLO Viewer 工具，观察其障碍物检测效果。核心代码如下：

```
from ultralytics import YOLO
import cv2

def process():
    yolo = YOLO(model_path)
```

```
image = cv2.imread(image_path)
results = yolo.predict(image, verbose=False)
return results[0].plot()
```

读者可以在 bang/perception/tools/yolo_viewer.py 中阅读完整代码。其使用方法如下：

```
bazel run //bang/perception/tools:yolo_viewer -- --image=<path>
    --model=<path>
```

其中：

- model 参数指定了想要使用的模型。在不指定模型的情况下，会默认加载与任务类型匹配的模型。
- image 参数指定了想要处理的图像。在不指定图像的情况下，会自动订阅 "/bang/camera" 频道获取实时图像。

使用 YOLO Viewer 工具最简单的方法是，在运行平台层的同时，直接运行该工具而不带参数，得到如图 5-8 所示的游戏画面，以查看实时检测效果。

```
# 在平台仓库中
./bang/docker/start.sh
./bang/build.sh
./bang/run.sh

# 在算法仓库中
bazel run //bang/perception/tools:yolo_viewer
```

图 5-8　使用 YOLO Viewer 工具对游戏画面进行实时检测

在此基础上，读者可以尝试不同的模型。对于同一类任务，YOLO 一般会提供大小不同的多个模型，通常包括：

- n，即 nano，超小型模型。
- s，即 small，小型模型。
- m，即 median，中型模型。
- l，即 large，大型模型。
- x，即 extra large，超大型模型。

除了模型大小的区别，图 5-9 还展示了它们在准确率和推理速度上的区别，一般越小的模型具有越快的推理速度，越大的模型具有越高的准确率，用户可以根据场景自行选择。

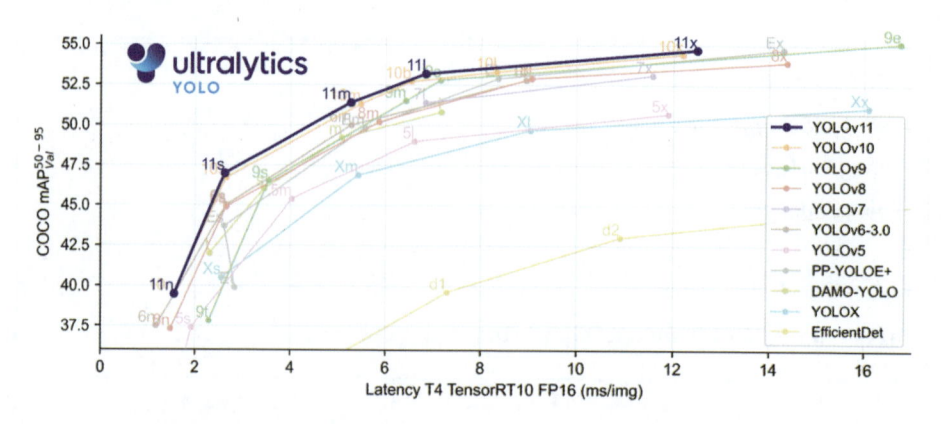

图 5-9　不同版本和大小的模型的平均准确率（mAP）和推理延迟（Latency）对比

5.2.4 使用 YOLO 执行图像分割、目标跟踪等处理任务

YOLO 的多种衍生模型还可以被应用于图像分割、目标跟踪、带定向边界框的物体检测等各项任务中。为此，我们对 YOLO Viewer 工具稍加扩展，引入第三个参数：

```
bazel run //bang/perception/tools:yolo_viewer -- … --task=<task>
```

task 参数指定了要执行的任务类型，如下所示。

- auto：（默认）根据模型名称自动推断。
- detect：物体检测任务。
- seg：图像分割任务。
- obb：即 Oriented Bounding Box，带定向边界框的物体检测任务。
- track：目标跟踪任务。

读者可以依次查看这些任务类型的检测结果。例如，运行 YOLO Viewer 并带--task=seg 参数，就可以得到图像分割检测结果，如图 5-10 所示。与普通检测任务相比，图像分割模型还会给出目标的像素级精确标记。

这些图像处理任务也可以很好地服务于自动驾驶算法。

1. 图像分割

图像分割本身就是众多图像处理任务的重要前置步骤，例如障碍物检测、交通标识检测等，只有完整而准确地提取出目标元素，才可以得到正确的检测结果。

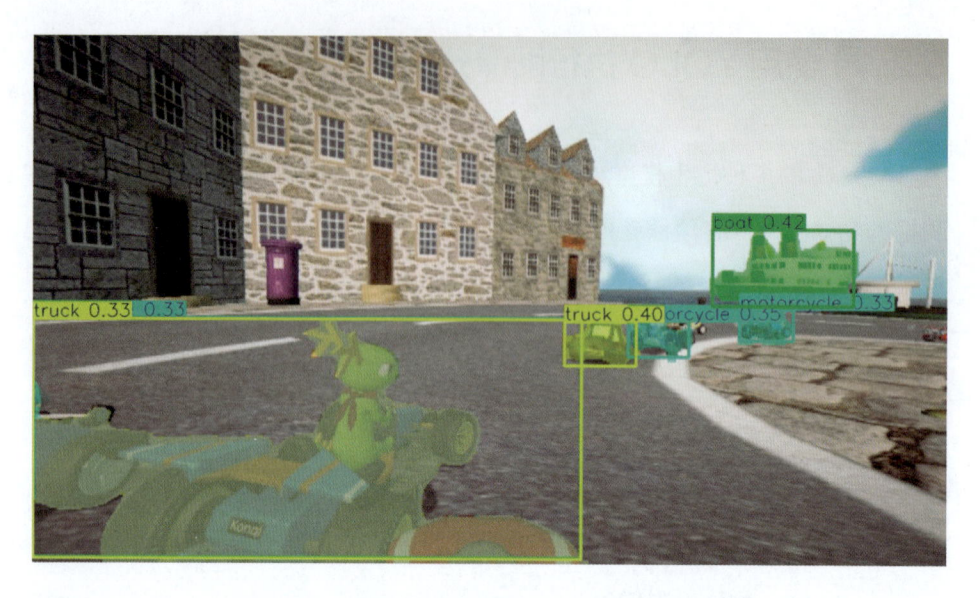

图 5-10　使用 YOLO 进行图像分割检测的结果

此外，自动驾驶算法还需要障碍物的精确几何信息，因为道路上车辆的形态和状态是多种多样的，而标准检测算法只会给出一个平行于坐标轴的边界框，为了避免碰撞，主车的可用行驶空间被极大压缩。利用图像分割获得的像素级标记，则可以得到较小的边界框，给自动驾驶算法留出更大的解空间。

读者可以检索"YOLO Segment"来获得更多关于图像分割的信息。

2. 定向边界框检测

障碍物的朝向（Heading）对于驾驶决策来说是极其关键的信息。一般情况下，车辆向前行驶的概率远大于倒车的概率，向前行驶的速度也远大于倒车的速度。标准检测算法给出的平行于坐标轴的边界框显然无法提供这一信息，而"定向边界框"不受坐标轴的约束，不仅可以提供更紧致的边界，还非常利于辨别车头和车尾，从而获知车辆朝向。图 5-11 展示了使用 YOLO 对停车场中的车辆进行定向边界框检测的结果。

图 5-11 使用 YOLO 进行定向边界框检测的结果

读者可以检索"YOLO OBB"来获得更多关于定向边界框的信息。

3. 目标跟踪

由于主车自身以及障碍物的移动，几乎没有两帧照片是完全一样的，但连续的、带有时间戳的照片又有紧密的关联性。我们需要识别出不同照片中的同一个障碍物，才能根据位置变化获知其速度、方向等"瞬时"运动属性，再根据"瞬时"运动属性的变化获知其加速度、转向等属性，从而推断其未来运动轨迹。总之，有了目标跟踪能力，我们就能从静态的数据中看到一个动态的世界，并做好防御性驾驶。图 5-12 展示了使用 YOLO 进行目标跟踪检测的结果。

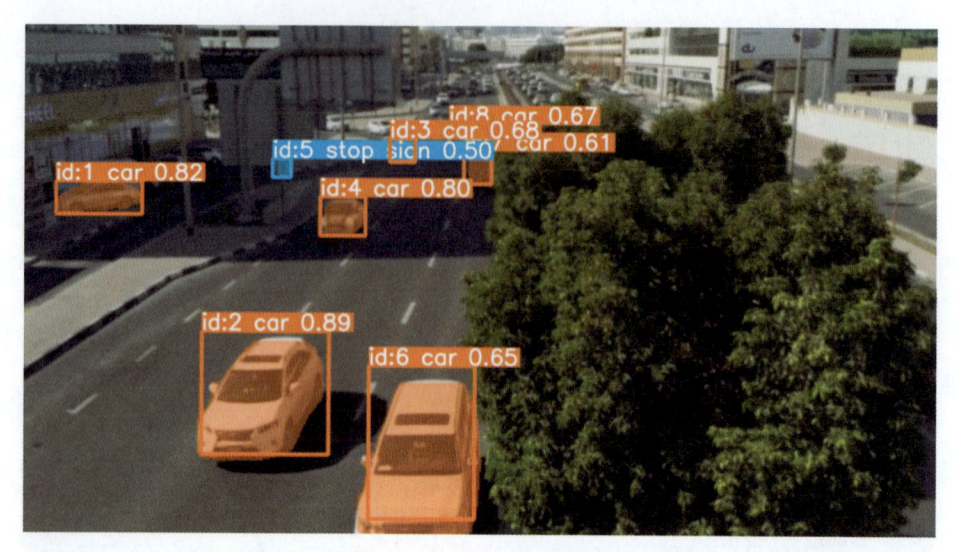

图 5-12　使用 YOLO 进行目标跟踪检测的结果

读者可以检索 "YOLO Track" 来获得更多关于目标跟踪的信息。

5.2.5　完成感知模块

最后，我们从工具箱中选择最简单、最直观的工具来实现一个完整的感知模块。

- 使用 YOLO 进行障碍物识别，将其边界框下边的中点作为位置。
- 使用 OpenCV 进行"鸟瞰视角"变换。
- 使用 OpenCV 通过颜色拾取来识别赛道。
- 对赛道中心点进行采样，拟合出一条曲线作为道路指引线。

其核心代码如下：

```
class Perception(object):
    def process(self):
```

```python
        image = self.parse_message()
        obstacles = self.detect_obstacles(image)
        bev_image = self.wrap_bev(image)
        road_mask, ref_line = self.mark_road(bev_image)
        Topic.publish(Topic.PERCEPTION, {
            'road_mask': road_mask.tolist(),
            'reference_line': ref_line.tolist(),
            'obstacles': obstacles,
        })

    def detect_obstacles(self, image):
        obstacles = []
        for result in self.yolo(image, verbose=False):
            for box in result.boxes:
                xyxy = box.xyxy.cpu()[0]
                obstacles.append(self.xy2bev((xyxy[0] + xyxy[2]) / 2, xyxy[3]))
        return obstacles

    def wrap_bev(self, image):
        image = cv2.copyMakeBorder(
            image, 0, 0, PADDING, PADDING, cv2.BORDER_CONSTANT, value=BLACK)
        image = cv2.warpPerspective(image, self.M, (DST_WIDTH, DST_HEIGHT))
        return image

    @staticmethod
    def mark_road(image):
        hsv = cv2.cvtColor(image, cv2.COLOR_BGR2HSV)
        mask = cv2.inRange(hsv, np.array([101, 3, 71]), np.array([165, 46, 167]))
        kernel = np.ones((20, 20), np.uint8)
        mask = cv2.morphologyEx(mask, cv2.MORPH_CLOSE, kernel)
```

```
            mask = cv2.GaussianBlur(mask, (9, 9), 0)
        return mask, Perception.calc_reference_line(mask)
```

此处省略了一些细节以更好地展示核心流程，读者可以在 bang/perception/perception.py 中阅读完整代码。其使用方法如下：

```
bazel run //bang/perception [-- --show]
```

感知模块会持续地在"/bang/perception"频道上发布感知结果。如果使用了--show 参数，则可以实时地查看可视化的感知结果，如图 5-13 所示。

图 5-13　可视化的感知结果

此外，使用前面提到的频道读取工具 Topic Viewer 也可以查看数值化的感知结果，大致检验其是否符合预期，如图 5-14 所示。它的格式往往与我们在最初的模块设计阶段定义的格式有所不同，体现了在开发过程中对原始设计的迭代。

```
bazel run //bang/tools:topic_viewer -- --topic=/bang/perception
```

```
{'height': 512,
 'obstacles': [[346.62891228815231, 289.8785567605716],
               [361.73628941425505, 243.1087895767559],
               [321.92020004802214, 285.75097994961254]],
 'reference_line': [0.0021969696969696647,
                    -1.04121212121211106,
                    423.29545454545416],
 'road_mask': '<road_mask>',
 'scale': 16.96,
 'time': 1733962975.3244863,
 'width': 512}
```

图 5-14 使用 Topic Viewer 工具查看感知结果

5.3 前沿研究

我们所采用的 OpenCV 图像处理是一种较为传统的方法。随着深度学习技术的快速发展，感知算法早已经模型化，并且一直在经历快速的革新，几乎每年都会有重要的研究进展。以下是当前的一些热门研究方向。

1. 多模态融合感知模型

早期的感知模型以单模态为主，例如，对激光雷达数据和相机数据分别进行推理，然后将推理结果融合。而现代的多模态融合感知模型，可以同时利用多种不同类型的传感器来感知环境。每种传感器提供不同的信息，这些信息可以互补，形成更完整的环境理解。例如，激光雷达可以提供精确的距离测量，相机可以捕捉丰富的图像信息，雷达可以在恶劣的天气条件下工作，等等。这些数据通过融合技术被整合在一起，提高了系统的感知精度和鲁棒性。

2. 多任务感知模型

早期的感知模型往往由多个模型分别处理 SLAM、障碍物识别和跟踪、红绿灯识别、交通标识识别等单一任务，而现代的多任务感知模型旨在同时处理和完成这些任务。这个统一的大模型在不同的任务间可以共享网络结构和特征，更高效地利用计算资源，极大地提高了整体性能。

3. BEV

我们在前面已经感受到了 BEV（鸟瞰图）的直观性，但是受限于单目相机的能力，只简单地应用了一种视觉几何方法。现实中的 BEV 模型可以很好地满足上述多模态、多任务的需求，在统一的视图中处理多种传感器数据，在统一的空间坐标系下表达 SLAM、障碍物检测与跟踪等多种任务。BEV 所提供的周围环境的完整视图，也更容易用于下游的预测算法和规划算法。

4. 占用网络

早期的视觉感知模型在 3D 检测上大多采用"先 2D 检测，再映射"的思路，不但误差较大，还难以处理目标截断、遮挡、形状不规则等长尾问题。特斯拉于 2022 年引入了占用网络（Occupancy Network），直接使用视觉数据对环境进行 3D 建模，更多地关注空间是否被占用，而不过度关注占用者的语义属性。这种做法使用廉价的相机取得了接近于激光雷达的检测效果，被普遍认为是下一代感知模型的关键技术。

想要跟踪并学习这些前沿研究的读者，可以重点关注计算机视觉领域的顶级会议。例如：

- CVPR（Conference on Computer Vision and Pattern Recognition），计算机视觉领域最重要的会议，每年举办一次。
- ICCV（International Conference on Computer Vision），重要的国际会议，每两年举办一次。
- ECCV（European Conference on Computer Vision），欧洲计算机视觉会议，是计算机视觉领域的三大顶级国际会议之一，通常每两年举办一次。

第6章
预测模块详解

本章我们将使用车辆底盘模块和感知模块提供的信息，对动态障碍物的未来状态进行预测。实际上，连续输出的感知结果提供了一个四维时空环境，而预测模块的作用就是将这个四维时空沿着时间轴向前延伸，为下游的运动规划模块提供决策依据。

6.1 模块设计

感知模块以 10Hz 的频率发布感知结果，即每 0.1s 发布一帧，那么可以沿着时间轴向前延伸 5 帧。即：如果当前时刻为 t，则预测 t+0.1s、t+0.2s、t+0.3s、t+0.4s 和 t+0.5s 的障碍物位置。下游的运动规划模块根据感知结果，在可行驶的道路范围内寻找一条可行的、优化的行进路线，并且根据预测结果，避免在任意时刻与其他车辆发生碰撞。

据此，我们将预测模块的输出结果设计如下：

```
{
    'time_sequence': [
        1734799808.809614,    # 预测时间戳
        1734799808.909614,
        1734799809.009614,
        1734799809.109614,
        1734799809.209614,
    ],
    'obstacles': [
        [(176, 253), …],    # 与时间戳对应的障碍物位置预测
        [(162, 223), …],
        [(166, 201), …],
        [(176, 193), …],
```

```
            [(156, 163), …],
    ],
}
```

6.2 代码实战

本节我们将探索 NumPy（Numerical Python）等可用工具，一步步使用代码来实现前面设计的预测模块。

6.2.1 路径估计

首先需要对障碍物的移动路径进行估计。在现实生活中，我们通常根据车头朝向、转向灯信号等来预判车辆的未来轨迹，而绝大多数时候，车辆会跟随车道的走向。在赛车环境中，我们主要考虑车道的走向和车辆自身的朝向，相应地，对感知模块的要求就是车道检测和障碍物朝向检测。

然而，为简便起见，我们的感知模块没有进行朝向检测。对此感兴趣的读者可以回顾 5.2.4 节，使用 YOLO 进行定向边界框检测来完善感知模块和预测模块。

下面我们主要通过车道的走向来预测其他赛车的移动路径。由于感知模块已经根据道路检测结果生成了道路指引线，我们可以假设赛车的前进方向约等于其所处水平位置的道路指引线的切线方向。图 6-1 展示了这种路径估计的效果。

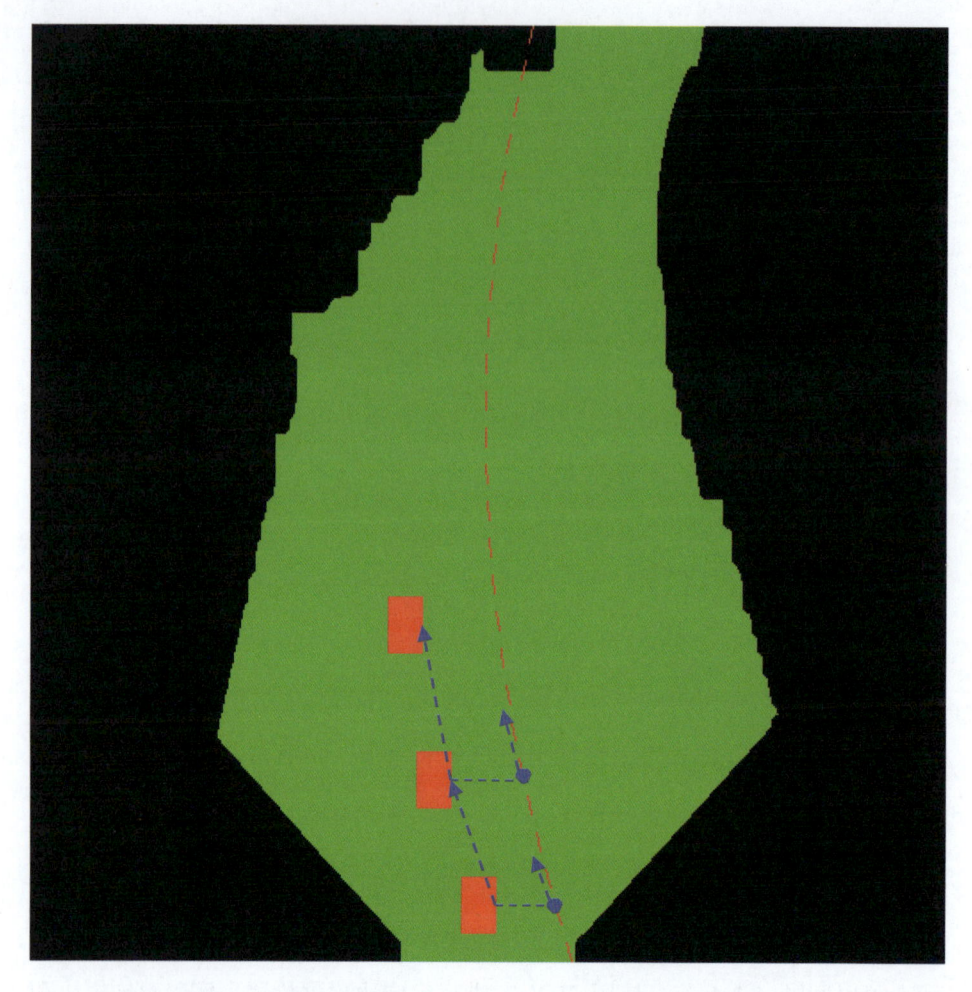

图 6-1 使用道路指引线的切线进行障碍物路径估计的效果

在代码实现上，我们可以使用 NumPy 这一流行而强大的数值工具。实际上，我们在感知模块和端到端解决方案中已经多次使用这个工具，体现了它在如今的 Python 科学计算生态环境中的统治地位。NumPy 的核心功能就是其高性能的多维数组表示与操作能力、丰富的数学函数，以及与 Pandas、SciPy、Matplotlib、OpenCV 乃至 Spark 等其他常用库的广泛兼容性与互操作能力。

接下来，我们就使用 NumPy 的多项式函数来完成障碍物的朝向估计。

```
import numpy as np

def estimate_heading(reference_line, obstacle_position):
    ref_line_derive = np.polyder(reference_line)
    x, y = obstacle_position
    heading = (-np.polyval(ref_line_derive, y), -1)
    normalized_heading = heading / np.linalg.norm(heading)
    return normalized_heading
```

这里主要使用了三个 NumPy 函数。

- numpy.polyder()：计算多项式的一阶或多阶导数，我们使用它来获得道路指引线的切线函数。

- numpy.polyval()：使用给定的自变量对多项式进行求解，我们使用它来求解切线函数上任意位置的结果，并表示为向量形式。

- numpy.linalg.norm()：计算向量或矩阵范数，我们使用它来计算方向向量的长度，进而将方向向量规范化为长度等于 1 的单位向量。

如此，我们就获得了其他赛车的大概前进方向。需要注意的是，这只是一种非常简化的运动模型，尤其是对目标远期的预测会存在较大的误差。如果能够结合目标跟踪和目标朝向感知来预测，则会得到更好的结果。

6.2.2 速度估计

在中学物理中我们已经知道，匀速运动物体的速度等于位移除以时间，即 $v = s/t$。而在毫秒级的极短时间片内，我们可以把车辆的运动近似为匀速运动。

因此，只需要取连续两帧的感知结果，就能获得障碍物与主车的相对位置，以及时间间隔 t。而从车辆底盘模块中可以读取主车的速度和朝向等信息，从而推断主车在上一帧感知时刻的位置。在此基础上，我们就获得了障碍物的绝对位置 A 和 B，以及二者的距离 s。当然，这也是一种极其简化的运动模型。如果有精确的定位模块，那么更好的做法是使用插值算法，求解出在感知时刻较为精确的主车位置。

理论上，我们应该对每个运动障碍物都独立计算其速度，然而，在没有实现目标跟踪的情况下，还无法完成这项工作。退而求其次，假设在赛车过程中所有障碍物的速度都较为接近，一般都约等于它们在当前坡度和弯道能够达到的最高速度，那么 s 也就等于所有障碍物的平均位移。当障碍物较少时，这一假设往往已经非常接近事实，而当障碍物较多时，显然会有较大的误差。对此感兴趣的读者可以参考 5.2.4 节中与目标跟踪相关的内容进行完善。

综上所述，我们所实现的速度估计的代码如下：

```
def estimate_speed(prev_perception, perception, speed):
    adc_speed = np.linalg.norm((speed['x'], speed['z'])) * perception['scale']
    if len(prev_perception['obstacles']) == 0 or len(perception['obstacles']) == 0:
        # 在信息不足的情况下，将主车速度作为近似速度
        return adc_speed
    t = perception['time'] - prev_perception['time']

    pos = (np.mean([pos[0] for pos in perception['obstacles']]),
           np.mean([pos[1] for pos in perception['obstacles']]))
    prev_pos = (
        np.mean([pos[0] for pos in prev_perception['obstacles']]),
```

```
    np.mean([pos[1] for pos in prev_perception['obstacles']]) +
adc_speed * t)
    s = np.linalg.norm((pos[0] - prev_pos[0], pos[1] - prev_pos[1]))
    return s / t
```

这里使用了均值函数 numpy.mean() 和范数函数 numpy.linalg.norm(), 展示了 NumPy 的强大。

6.2.3　完成预测模块

最后，我们将多线程数据 I/O、路径估计、速度估计等各个部分组合在一起，就得到了一个完整的预测模块。其核心代码如下：

```
def process(self):
    results = self.parse_messages()
    if results is None:
        return
    prev_perception, perception, chasiss = results
    road_mask = np.array(perception['road_mask'])
    speed = self.estimate_speed(prev_perception, perception,
chasiss['speed'])
    prediction = {
        'time_sequence': [],
        'obstacles': []
    }
    if (ref_line := perception['reference_line']) and (obstacles :=
perception['obstacles']):
        ref_line_derive = np.polyder(ref_line)
        now = perception['time']
```

```
        # 预测值 [0.1, 0.2, 0.3, 0.4, 0.5]
        for t in np.arange(0.1, 0.55, 0.1):
            obstacles = self.predict(0.1, road_mask, obstacles,
speed, ref_line_derive)
            if len(obstacles) == 0:
                break
            prediction['time_sequence'].append(now + t)
            prediction['obstacles'].append(obstacles)
    Topic.publish(Topic.PREDICTION, prediction)
```

读者可以在 bang/prediction/prediction.py 中阅读完整代码。其使用方法如下：

```
bazel run //bang/prediction
```

6.3 前沿研究

前面我们针对赛车游戏环境和有限的传感器、感知能力，在有较多强假设的前提下完成了一个基于规则的预测模块，而实际中的预测模块已经完全实现了人工智能。不断优化的算法以及快速积累的数据，都在推动着预测技术的迭代更新。然而，我们也要认识到真实世界的极度复杂性和随机性，仍然有很多长尾问题亟待解决。

1. 多模态轨迹预测

我们永远无法准确地预知未来，因此预测结果必须是概率化的、多模态的，以尽量涵盖真实世界的不确定性。如此，下游的运动规划模块和控制模块才能在正常情况下保持车辆平稳行驶，在多种可能性叠加的状况下做出弹性较高的决策，在小概率事件发生时也能紧急避险。

2. 路口等强交互环境下的预测

交通参与者之间存在复杂的交互关系，例如跟随、避让、合流等，有效地建模这些交互关系是提高预测准确性的关键。路口就是一个比较典型的强交互环境，也是一直以来对预测模块最大的挑战之一。

- 路口的参与者种类和数量都更多，除机动车以外，还有南来北往的行人、非机动车等。
- 车道关系复杂，车辆可能掉头、左转、前行或右转到多个可能的目标车道。
- 参与者之间存在大量的交互活动，除了交通规则内的交互，可能还会有模糊状态下的博弈行为。
- 路口是一个事故多发区域，需要考虑更多的长尾问题。

3. 与上下游模块的融合

前面我们已经解释过，预测是在时间轴上对感知的延续。然而，感知的规范化输出必然会损失一部分信息，因此很多研究人员都在探索将感知和预测进行一定程度的融合，实现"感知-预测联合推理"。这种模型可以共享更多信息，减少误差累积，还能提升整体性能。

同样地，预测模块和规划模块也是紧密关联的。在严格的"先预测、后规划"模式下，我们忽略了主车行为对其他车辆行为的影响，这常常会使主车表现得非常保守。尤其是在繁忙的路口，往往需要采取略为激进的策略，让其他参与者稍微避让或减速才能顺利通过。如果预测模块和规划模块可以联合推理，就能够大幅提高这种交互环境下的通过率，让自动驾驶系统表现得更像一个熟练的老司机。

将更多的模块融合在一起，就一步步靠近了我们在第 4 章中介绍的端到端自动驾驶大模型。但在这个统一的大模型成熟以前，将两三个紧密耦合的模块进行融合，显然也是有其积极意义的。

想要跟踪并学习这些前沿研究的读者，可以重点关注机器学习领域的顶级会议。例如：

- NeurIPS（Conference on Neural Information Processing Systems），涉及多模态预测、生成模型（如 VAE、GAN）、Transformer 等前沿方法的研究。

- ICML（International Conference on Machine Learning），涉及深度学习、强化学习与预测相关的技术进展。

- AAAI（Association for the Advancement of Artificial Intelligence），涵盖多智能体交互、轨迹预测等技术的研究。

第 7 章

规划模块详解

本章我们将使用车辆底盘模块、感知模块和预测模块提供的信息，完成主车的运动规划。其中，车辆底盘模块提供了速度等主车状态信息，而感知模块和预测模块则共同构成了一个四维时空环境。规划模块所要做的，就是让主车在这个四维时空环境中安全、高效、舒适地向目的地前进。

7.1　模块设计

运动规划一般包含"路径规划"和"速度规划"两部分，其中路径规划部分主要负责规划从起点到目标点的几何轨迹，而速度规划部分则考虑各种动态约束，以确定车辆在给定路径上的精确配速。这些动态约束可能包含交通规则、车辆速度和加速度的上限、乘客的体感等。但是对于赛车游戏场景，我们一般会尽量使车辆保持最大速度，同时为了简化算法，将省略速度规划部分，而假设主车保持当前速度。这就将"运动规划"问题缩小为"路径规划"问题。

另外，我们需要选定路径规划的起点和目标点。在每一轮规划中，起点自然是车辆当前位置，而目标点一般是一个对后续行驶来说较为理想的位置，我们可以将其选定为可见道路区域最远端的中心点。例如，如图 7-1 所示，主车从当前位置出发，完成转弯和避障等一系列动作，最终尽量回到较为安全的道路正中央。

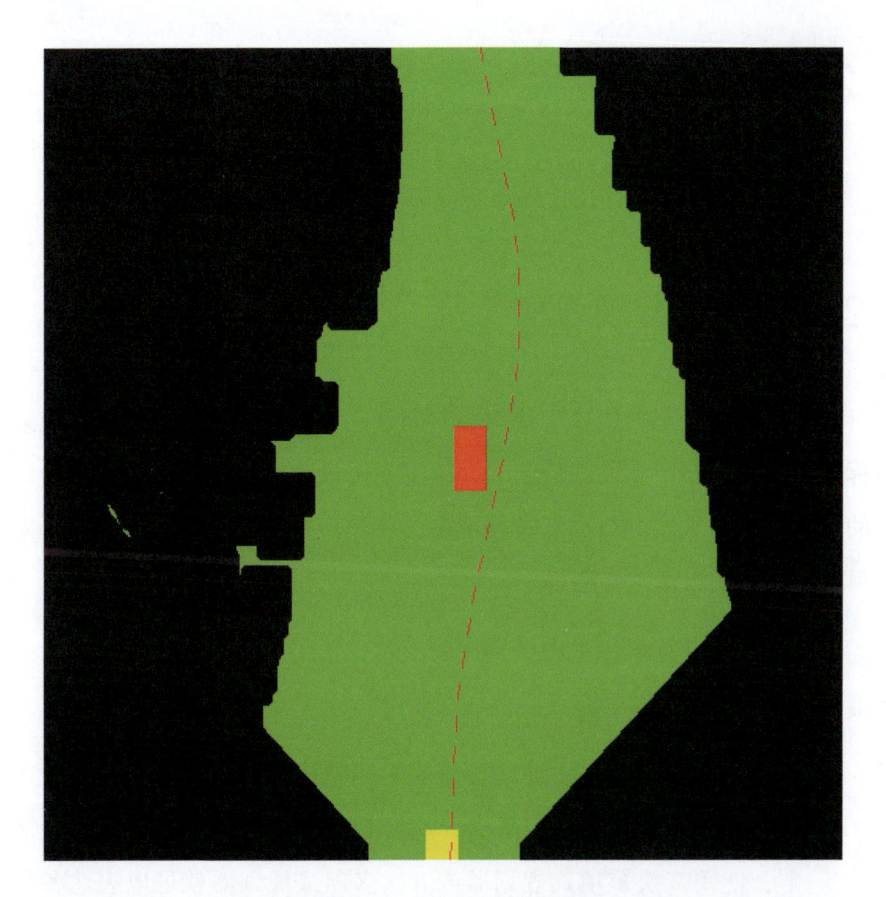

图 7-1　一个从起点到目标点、满足转弯和避障需求的路径规划方案

一个简化的路径规划模块所要做的工作，就是给出一条从起点到目标点安全可行的轨迹曲线。为了便于后续控制模块解读，这条曲线一般以轨迹点的形式提供，而不是某种数学表达式。

```
{
    'source': 'planner',
    'trajectory': [(256.0, 512.0), (256.1, 511.3), …],
}
```

7.2 代码实战

本节我们将一步步使用代码来实现前面设计的规划模块。

7.2.1 选择路径规划器

路径规划器是规划模块中最核心的部分，它负责生成从给定起点到给定目标点的轨迹曲线。前面我们已经介绍了使用道路最远端的中心点作为目标点的策略，而在真实的自动驾驶环境中，往往会有一个更高层次的逻辑来决定目标点，例如跟车、变道等。

寻路算法在计算机科学中已经比较成熟，适用于汽车和轮式机器人的规划器也已经有大量的探索实践。例如：

- 多项式规划器——一种较为简单的规划算法，使用多项式来描述轨迹曲线，它天然连续而平滑，适合表达高速物体的运动。一般情况下，使用三次多项式规划器或五次多项式规划器就足以表达各种复杂的轨迹。

- Hybrid A*规划器——A*算法是最著名的启发式寻路算法之一，而 Hybrid A* 算法则将车辆的运动学模型引入规划中，以生成连续的、平滑的、车辆能够完成的轨迹。

- Lattice 规划器——将搜索空间离散化为满足运动学约束的节点格（Lattice），然后搜索可行的节点格路径，最后使用多项式样条或曲线生成拟合的平滑轨迹。

显然，我们的自动驾驶场景较为简单，使用三次多项式规划器即可。如果需要进行速度规划，那么 x 和 y 都将是关于时间 t 的三次多项式，它们的一阶导数是速度，二阶导数是加速度。

$$x(t) = a_0t^3 + b_0t^2 + c_0t + d_0$$

$$y(t) = a_1t^3 + b_1t^2 + c_1t + d_1$$

如果忽略速度规划，我们只需要一条三次多项式曲线，那么可以只使用一个多项式来表示：

$$y(x) = ax^3 + bx^2 + cx + d$$

由于主车基本上是沿着 y 轴向前行驶的，所以比较方便的表达方式是调换 x 和 y：

$$x(y) = ay^3 + by^2 + cy + d$$

这里虽然有 a, b, c, d 四个系数，但是在已经确定起点和目标点的情况下，已知其中两个系数就可以求得另外两个系数。

```
x0, y0 = first_point
x1, y1 = last_point
c = ((x0 - a * y0 ** 3 - b * y0 ** 2) - (x1 - a * y1 ** 3 - b * y1 ** 2)) / (y0 - y1)
d = x0 - a * y0 ** 3 - b * y0 ** 2 - c * y0
```

现在只需要确定 a 和 b 的取值即可。为了获得对它们的定量认识，我们开发了 Random Cubic 工具。它的核心代码有两部分，其中第一部分是随机选取三个点，与固定的起点一起，可以拟合出一条三次多项式曲线。这里使用了 NumPy 库中用于多项式拟合的 numpy.polyfit 函数，通过最小二乘法计算出一组多项式系数，使得拟合的曲线最优地接近给定的离散数据点。

```
WIDTH = 512
HEIGHT = 512
```

```
SAFETY_BUFFER = 20
X_CANDIDATES = list(range(SAFETY_BUFFER, WIDTH - SAFETY_BUFFER))

def generate_poly():
    point0 = (WIDTH // 2, HEIGHT - 1)
    point1 = random.choice(X_CANDIDATES), HEIGHT / 4 * 3
    point2 = random.choice(X_CANDIDATES), HEIGHT / 4 * 2
    point3 = random.choice(X_CANDIDATES), HEIGHT / 4
    X = [point0[0], point1[0], point2[0], point3[0]]
    Y = [point0[1], point1[1], point2[1], point3[1]]
    return np.polyfit(Y, X, 3)
```

核心代码的第二部分是对系数取值空间的统计，在 NumPy 库中也有大量开箱即用的函数，例如：

- numpy.min, numpy.max——求最小值、最大值。
- numpy.mean, numpy.median——求平均值、中位值。
- numpy.std, numpy.var——求标准差、方差。
- numpy.percentile——求百分位数。

```
def stat():
    a = []
    b = []
    for _ in range(n):
        poly = generate_poly()
        a.append(poly[0])
        b.append(poly[1])
    logging.info(F'a: 5%={np.percentile(a, 5):.6f}, 95%={np.percentile(a, 95):.6f} …')
    logging.info(F'b: 5%={np.percentile(b, 5):.6f}, 95%={np.percentile(b, 95):.6f} …')
```

读者可以在 bang/planning/tools/random_cubic.py 中阅读完整代码。其使用方法如下：

```
bazel run //bang/planning/tools/random_cubic -- -n 100000

# 输出
# … random_cubic.py:35] a: 5%=-0.000079, 95%=0.000079
# … random_cubic.py:36] b: 5%=-0.076383, 95%=0.076288
```

在数以十万计的随机取样下，可以观察到 a 的主要取值范围为[-0.00008, 0.00008]，而 b 的主要取值范围为[-0.08, 0.08]。我们开发了第二个工具 Draw Cubic 来随机可视化其中的一些曲线，读者可以在 bang/planning/tools/draw_cubic.py 中阅读完整代码。其使用方法如下：

```
bazel run //bang/planning/tools/draw_cubic -- -n 100
```

运行效果如图 7-2 所示。

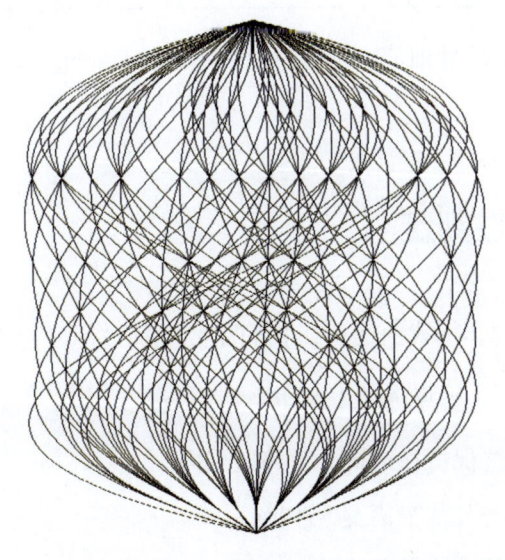

图 7-2　在满足一定约束的条件下，随机可视化 100 条可能的三次多项式曲线

可见，三次多项式曲线的表达能力是足够强的，对于我们的赛车游戏场景来说应该够用了。据此，即可使用 NumPy 提供的多项式工具类 numpy.polynomial.Polynomial 来实现一个简单的 Cubic Planner。其核心代码如下：

```
def generate_trajectory(self, a, b):
    x0, y0 = self.first_point
    x1, y1 = self.last_point
    c = ((x0 - a * y0 ** 3 - b * y0 ** 2) - (x1 - a * y1 ** 3 - b * y1 ** 2)) / (y0 - y1)
    d = x0 - a * y0 ** 3 - b * y0 ** 2 - c * y0
    poly = np.polynomial.Polynomial([d, c, b, a])

    trajectory = []
    for y in range(y0, y1, -POINTS_SAMPLE_STEP):
        x = int(poly(y))
        trajectory.append((x, y))
    return trajectory
```

这里没有展示部分细节，读者可以在 bang/planning/cubic_planner.py 中阅读完整代码。

7.2.2　可行性判定

在获得原始的多项式曲线后，我们需要对其进行可行性判定。在赛车游戏场景中，可行性主要包含三个方面：

- 轨迹点始终保持在可行驶道路区域内。
- 主车没有与其他车辆发生碰撞。
- 车辆行驶符合动力学特性。

接下来，我们分别来实现这些判定。

（1）从感知模块获得道路信息，检查轨迹点是否全部位于可行驶道路区域内，并留有足够的安全距离。

```
SAFETY_BUFFER = 20
ROAD = 255

def is_on_road(road_mask, trajectory):
    height, width = road_mask.shape
    for x, y in trajectory:
        left = x - SAFETY_BUFFER
        right = x + SAFETY_BUFFER
        if left < 0 or right >= width or not np.all(road_mask[y, left:right] == ROAD):
            return False
    return True
```

（2）从预测模块获得未来时间点的障碍物信息，从车辆底盘模块获得主车速度信息，检查在未来时间点主车的轨迹点是否与任何障碍物过于接近甚至发生碰撞。

```
def has_collision(poly, adc_speed, prediction):
    now = time.time()
    for index, t in enumerate(prediction['time_sequence']):
        offset = t - now
        if offset <= 0:
            continue
        y0 = adc_speed * offset
        x0 = poly(y0)
        for x1, y1 in prediction['obstacles'][index]:
```

```
        if np.linalg.norm((x1 - x0, y1 - y0)) < SAFETY_BUFFER:
            return True
    return False
```

（3）至于动力学特性，例如转弯半径等，对于真实的车辆来说较为严苛，但在游戏场景中通常比较宽松，甚至可以略微违背物理规律，例如"抓地力"总是 100%。所以我们暂时忽略动力学模型的限制，有余力的读者可以自行实现这一判定。

7.2.3　选择最优轨迹

经过可行性判定之后，一般我们会得到许多可选的轨迹，需要使用一定的标准来选择最优的一条。这个标准因驾驶场景而异，例如：

- 客运汽车非常注重乘客的体感，要尽量减少转向和加减速，尤其是急转向、急启急刹。
- 货运汽车注重经济高效，以降低商业成本，所以应该尽量保持最优速度，也要减少刹车的使用。
- 赛车几乎不考虑乘客的体感和油耗，而是追求极致的效率，也就是耗时最短。

因此，在速度相近的情况下，我们可以直接将长度作为轨迹的"成本"，从而选择最短路径作为最优路径。我们可以通过对多项式求积分来获得精确的长度，更高效的方式是求离散的轨迹点距离之和，获得一个近似的长度。

```
def calc_cost(trajectory):
    distance = 0
```

```
for i in range(1, len(trajectory)):
    distance += math.dist(trajectory[i - 1], trajectory[i])
return distance
```

7.2.4 完成规划模块

最后，我们将三次多项式规划器、可行性判定、成本函数等各个部分组合在一起，就得到了一个完整的规划模块。其核心代码如下：

```
def process(self):
    best_trajectory = []
    best_trajectory_cost = sys.float_info.max
    for a in np.linspace(-0.00008, 0.00008, 100):
        for b in np.linspace(-0.008, 0.008, 100):
            trajectory = self.generate_trajectory(a, b)
            if not is_on_road(...):
                continue
            if has_collision(...):
                continue
            if (cost := self.calc_cost(trajectory)) < best_trajectory_cost:
                best_trajectory = trajectory
                best_trajectory_cost = cost
    Topic.publish(Topic.PLANNING, {
        'source': 'cubic_planner',
        'trajectory': best_trajectory,
    })
```

读者可以在 bang/planning/planning.py 中阅读完整代码。其使用方法如下：

```
bazel run //bang/planning [-- --show]
```

如果使用了 --show 参数，则会额外打开一个窗口，实时展示路径规划效果，如图 7-3 所示。

图 7-3 实时展示的路径规划效果

7.3 前沿研究

运动规划是自动驾驶乃至机器人技术中研究最活跃的部分，其中一个原因是它没有真正的标准答案。无论是地图、定位还是感知、预测，它们都有唯一正确的真值（Ground Truth），也就是物理世界的真实情况。针对这些模块的所有算法改进都是为了让计算机的理解和推理结果无限接近这个真值，而当前的进度已经达到 99%，以后会达到 99.99% 甚至更高。但运动规划却是一个开放性问题，因此新算法、新思考仍在源源不断地涌现。

1. 路径与速度联合规划

传统的运动规划算法往往将路径规划和速度规划分开进行，在路径规划阶段主要考虑道路、静态障碍物等空间约束，在速度规划阶段主要考虑主车动力学特性、动态障碍物等时间约束，大大降低了实现的复杂程度，也降低了计算复杂度，适合早期阶段计算资源有限的现实情况。但这样并不能完全涵盖整个解空间，因此得到的结果往往不是全局最优的。更甚之，在繁忙的路口等极端动态环境中，分开求解往往得不到结果，导致车辆被卡在原地。

随着自动驾驶场景数据的积累，以及车载计算机算力的显著提升，路径与速度联合规划或"时空联合规划"渐渐成为主流要求，以获得更优的规划结果，适应更复杂的场景或支持更复杂的优化目标等。

2. 基于深度学习的规划

传统的基于规则的规划算法为了解决驾驶过程中的长尾问题，整个系统越来越庞大，参数越来越多，但仍然远远不能穷尽道路上的各种情况。这种复杂度的爆炸，会呈指数级地增加后续开发、验证和调试的工作，尤其是规则之间还可能相互冲突，最终难以为继。

深度学习技术的持续发展，为很多学科都带来了颠覆性的影响，运动规划也是其中之一。我们很自然地能够想到其中一种方案，就是让自动驾驶系统学习人类驾驶员的操作。而如果希望自动驾驶系统超越人类水平，就需要能够自主学习、持续进化的强化学习系统。这些都是非常有前景的研究方向。

3. 客制化规划

从一定程度上说，目前的运动规划算法都还处于早期阶段，即争取为所有乘客提供一套安全、舒适的解决方案。而更深层次的用户需求，可能是可客制化的运动规划。例如，从舒适性来说，年轻人的要求低，而老年人的要求高。甚至同一个人在不同的时间也会有不同的需求，例如，上班族在上午通勤时时间紧，希望牺牲一定的舒适性以换取更高的效率，而在下午回家途中为了使用电脑，希望牺牲一定的效率以换取更高的舒适性。

一个优秀的、弹性的规划算法应能提供千人千面的驾驶风格，不断地适配每个乘客的独特需要；在多人乘坐时，也能求解出所有乘客的"最大公约数"，提供最佳的乘坐体验。

想要跟踪并学习这些前沿研究的读者，除了关注前面提到的机器学习领域的顶级会议，还可以关注机器人与自动化相关的顶级会议。例如：

- ICRA（IEEE International Conference on Robotics and Automation），涵盖路径规划、运动规划、轨迹优化以及与自动驾驶相关的研究。
- IROS（IEEE/RSJ International Conference on Intelligent Robots and Systems），涉及自动驾驶中的路径规划、环境建模和控制算法等。
- IV（IEEE Intelligent Vehicles Symposium），专注于自动驾驶中的规划算法、传感器融合和路径优化等。

第 8 章
控制模块详解

本章我们将实现自动驾驶车端系统中的最后一个算法模块——控制模块。控制模块是自动驾驶中相对成熟的模块，其所涉及的机械工程与自动化、最优控制理论等，在机器人甚至工业生产中都有非常丰富的研究成果，因此本章的内容会比较简单。

8.1 模块设计

控制模块将根据规划模块给出的路径规划和速度规划方案，结合当前车辆的动力学数值，计算出精确的车辆控制信号——油门、刹车、方向盘的操作量，然后发送给底层线控接口，以完成自动驾驶。

在我们的场景中，规划模块给出了前方一系列路径点，而控制模块所要做的就是将运动目标变成"脚踏实地"的具体操作，并以 10Hz 的频率将其发送到 "/bang/control" 频道上，供平台层接收并执行。其数据为 JSON 格式：

```
{
    'source': 'cubic_planner',
    'steer': 15768,
    'pedal': 32768,
}
```

各参数说明如下。

- source：数值来源。
- steer：转向参数，取值范围为[-32768, 32768]，负值表示向左转，正值表示向右转。
- pedal：踏板参数，取值范围为[-32768, 32768]，负值表示刹车，正值表示加速。

8.2 代码实战

本节我们将探索可用的算法，使用代码来实现前面提到的模块设计目标。

8.2.1 PID 控制器

PID 控制器是一种经典的反馈控制算法，除了自动驾驶，它也被广泛应用于各种工业控制领域。PID 的意思就是比例（Proportional）、积分（Integral）和微分（Derivative），它们的作用如下。

- 比例（P）单元：根据车辆与目标状态的偏差大小来调节控制信号的强度，确保偏差越大，控制信号就越强，以达到尽快修复误差的目的。

- 积分（I）单元：根据车辆与目标状态的累积偏差大小来调节控制信号的偏置，确保累积偏差越大，控制信号的偏置就越大，以达到消除稳态误差的目的。

- 微分（D）单元：根据车辆与目标状态的偏差变化率来调节控制信号的阻尼，确保偏差变化率越大，控制信号的阻尼就越大，以达到抑制超调和振荡的目的。

最终的控制信号就是将这三个单元加权求和。

```
control = kp * error + ki * integral + kd * derivative
```

其核心代码如下：

```
class PIDController:
```

```python
    def __init__(self, kp, ki, kd, setpoint=0):
        self.kp = kp   # 比例增益
        self.ki = ki   # 积分增益
        self.kd = kd   # 微分增益
        self.setpoint = setpoint   # 目标值

        self.previous_error = 0
        self.integral = 0

    def update(self, measured_value, dt):
        error = self.setpoint - measured_value
        self.integral += error * dt
        derivative = (error - self.previous_error) / dt if dt > 0 else 0
        self.previous_error = error
        return self.kp * error + self.ki * self.integral + self.kd * derivative
```

8.2.2 LQR 控制器

LQR（Linear Quadratic Regulator，线性二次型调节器）是一种经典的最优控制算法，它的目标是以较小的控制量让系统达到稳定，且与规划路径的偏差较小。其核心代码如下：

```
import numpy as np
from scipy.linalg import solve_continuous_are

class LQRController:
    def __init__(self, A, B, Q, R):
```

```
        self.A = A  # State matrix (n x n)
        self.B = B  # Input matrix (n x m)
        self.Q = Q  # State cost matrix (n x n)
        self.R = R  # Control cost matrix (m x m)
        self.K = self._compute_lqr_gain()

    def _compute_lqr_gain(self):
        # 求解代数 Riccati 方程（Algebraic Riccati Equation, ARE）
        P = solve_continuous_are(self.A, self.B, self.Q, self.R)
        # 计算反馈增益矩阵
        return np.linalg.inv(self.R) @ self.B.T @ P

    def update(self, x):
        return -self.K @ x
```

8.2.3 MPC 控制器

MPC（Model Predictive Control，模型预测控制）是一种先进的控制方法，它利用数学模型来计算未来一段时间的控制输入，预测未来的行为，然后更新状态、滚动优化，从而实现对动态系统的最佳控制。它特别适用于像自动驾驶系统这样的多变量、受约束的复杂控制系统。其核心代码如下：

```
import cvxpy as cp
import numpy as np

class MPCController:
    def __init__(self, A, B, Q, R, N, x_bounds=None, u_bounds=None):
        self.A = A  # State transition matrix (n x n)
```

```python
        self.B = B  # Input matrix (n x m)
        self.Q = Q  # State cost matrix (n x n)
        self.R = R  # Control cost matrix (m x m)
        self.N = N  # Prediction horizon (scalar)
        self.n, self.m = B.shape

    def update(self, x0, ref):
        # 优化变量
        x = cp.Variable((self.n, self.N + 1))  # States
        u = cp.Variable((self.m, self.N))      # Inputs

        # 目标函数
        cost = 0
        constraints = [x[:, 0] == x0]

        for t in range(self.N):
            cost += cp.quad_form(x[:, t] - ref, self.Q) + cp.quad_form(u[:, t], self.R)
            constraints += [x[:, t + 1] == self.A @ x[:, t] + self.B @ u[:, t]]

        cost += cp.quad_form(x[:, self.N] - ref, self.Q)

        # 解决优化问题
        problem = cp.Problem(cp.Minimize(cost), constraints)
        problem.solve()
        return u.value[:, 0]
```

这里使用到了第三方库 CVXPY，它是基于 Python 的用于定义和求解凸优化问题的开源库，设计目标是让用户能够以声明式编程的方式来表达优化问题，并使用高效的求解器找到解。它被广泛应用于机器学习、控制系统、信号处理和图像处理等领域。

8.2.4　完成控制模块

有如此多成熟的控制器，那么选用哪个来完成我们的赛车控制呢？如果使用键盘进行游戏，那么转向操作只有"左"和"右"，相当于方向盘要么不打，要么打满。我们可以"发明"一个更简单的控制器——下一个轨迹点偏左就左转，偏右就右转，否则直行。实际上，就是建立一个基于符号函数的控制公式：

```
steer = numpy.sign(x) * CONTROL_MAX
```

其中，x 表示下一个轨迹点相对于主车当前位置的横向偏移。numpy.sign(x) 是一个符号函数，其取值空间如图 8-1 所示。

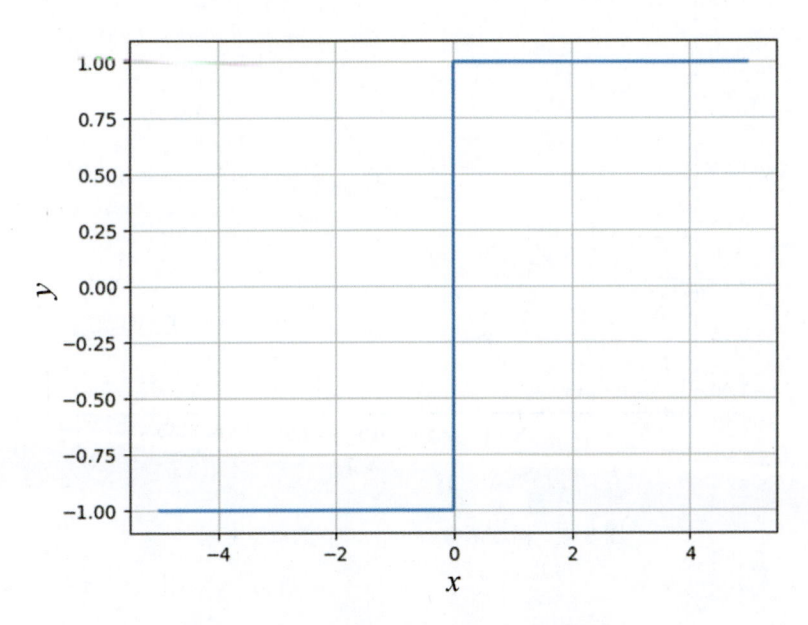

图 8-1　符号函数 numpy.sign(x) 的取值空间

这个控制器足以达到使用键盘进行游戏的效果，而自动驾驶的终极目标是"超越人类驾驶员"，我们在这里也可以做得更细腻，充分发挥数字化控制的优势，在左转、右转、直行之外，覆盖-CONTROL_MAX 和 CONTROL_MAX 之间数万种不同程度的"稍向左转"和"稍向右转"效果。

```
steer = numpy.clip(x / GRADIENT_RANGE, -1, 1) * CONTROL_MAX
```

其中，x 表示下一个轨迹点相对于主车当前位置的横向偏移，GRADIENT_RANGE 表示渐变范围，而 numpy.clip 函数将取值限制在最小值-1 和最大值 1 之间。我们可以将整个 numpy.clip 函数称为梯度函数，其取值空间如图 8-2 所示。

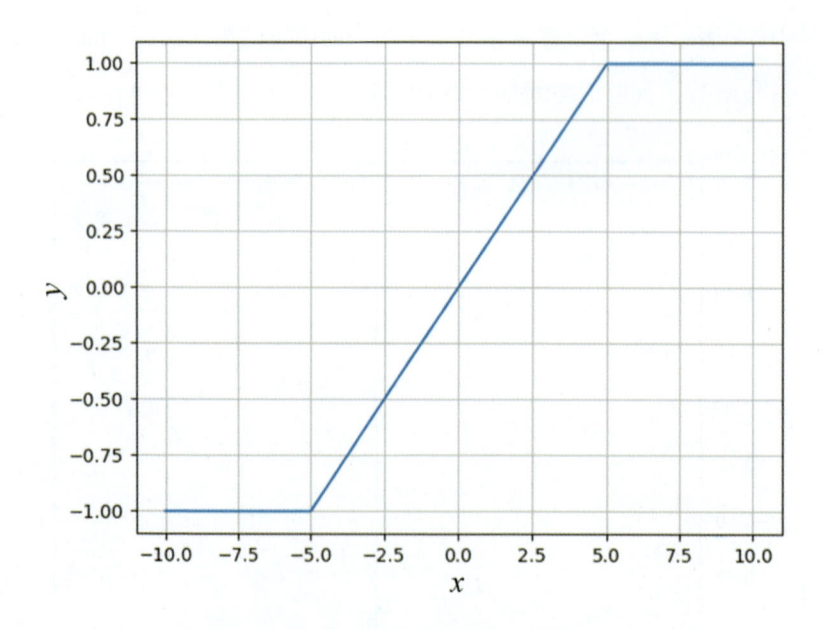

图 8-2　梯度函数 numpy.clip 的取值空间

据此，即可实现一个简单的控制模块，其核心代码如下：

```python
def process(planning):
    trajectory = planning['trajectory']
    if len(trajectory) <= 1:
        return
    x = trajectory[1][0] - WIDTH / 2
    steer = int(np.clip(x / 24, -1.0, 1.0) * CONTROL_MAX)
    Topic.publish(Topic.CONTROL, {
        'source': planning['source'],
        'steer': steer,
        'pedal': CONTROL_MAX,
    })
```

读者可以在 bang/control/control.py 中阅读完整代码。其使用方法如下：

```
bazel run //bang/control
```

至此，模块化自动驾驶的所有算法模块构成了一个闭环，将它们同时运行起来：

```
# 启动平台层
./bang/run.sh

# 启动算法层
bazel run //bang/perception &
bazel run //bang/prediction &
bazel run //bang/planning &
bazel run //bang/control &
```

在游戏界面中按下回车键，自动驾驶系统就被激活了！读者可以尝试一下，看看主车是否能够自主完成一整圈的完全自动驾驶，以及平均行驶多少里程需要一次人工接管。MPI（Miles Per Intervention，平均接管里程）是评价自动驾驶技术成熟度的核心指标之一。有余力的读者可以改进或替换任意的算法模块，不断提升 MPI。

8.3 前沿研究

控制算法在学术界和工业界有着活跃的研究和迭代，新的理论不仅适用于工业控制和自动驾驶，一般还适用于无人机、具身智能等热门领域，应用前景非常广泛。

1. 鲁棒性与容错控制

控制算法需要直面现实世界的不确定性，例如风阻、轮胎打滑甚至制动失灵等。在可容忍的范围内，控制器要具有鲁棒性，维持车辆稳定；在不可容忍的极端事件中，控制器要提供容错机制，能够切换到安全模式以极力保护乘客和其他交通参与者的安全。

2. 非线性控制

线性控制较为成熟、简单，算力需求也较小，但现实中有很多非线性或概率性的约束，只有将它们纳入优化框架中，才能获得更加适应复杂环境的自动驾驶能力。不过，非线性控制的算力需求往往较大，尤其是在高动态环境中。这需要硬件和算法的共同进步。

3. 自适应控制

除了外部环境的不确定性，车辆本身也存在不确定性。世界上没有两片完全相同的叶子，也没有两台完全相同的汽车，甚至汽车本身的动力学特性也在细微地持续变化。这就要求每一台量产汽车都能够在系统参数未知或变化的情况下，通过动态调整控制器参数，实现系统性能的稳定和优化。

想要跟踪并学习这些前沿研究的读者，除了关注前面提到的机器人与自动化相关的顶级会议，还可以关注与控制理论、优化理论紧密相关的会议。例如：

- CDC（IEEE Conference on Decision and Control），控制理论领域最权威的会议之一，关注自动驾驶控制中的实时优化和鲁棒控制方法，强调非线性控制、模型预测控制（MPC）等在自动驾驶控制中的应用。

- ACC（American Control Conference），控制工程领域的重要会议，涵盖与运动控制、轨迹跟踪以及动力学建模相关的广泛的控制问题。

第 9 章

自动驾驶中的其他问题

自动驾驶是一个非常宏大的课题，它不仅涉及随着人类科技的发展，车辆工程、芯片与传感器、云计算与人工智能等技术逐步发展所带来的可行性问题，还涉及法律法规问题、经济与社会问题，甚至伦理问题。本章就来讨论这些问题，也就是自动驾驶中的其他技术问题或非技术问题。

9.1 单车智能与车联网

本书中所介绍的端到端自动驾驶大模型和模块化自动驾驶技术，都可以被归类为单车智能技术，即每辆车都依赖车载传感器和高性能的计算平台来实现对周围环境的全面感知和自主决策。它的优点是车辆独立性强，不需要改变外界环境，可以在现有的基础设施上和人工驾驶的车辆共存，直到完全替代人工驾驶。

然而，单车智能解决方案也使自动驾驶的复杂度大大增加，可能延缓了这一利国利民的技术的发展。如果能够从外部给予自动驾驶车辆一定的支持，很多技术难题就会迎刃而解。因此，是极力发展单车智能，还是并行发展外部标准化的辅助技术，在自动驾驶解决方案中尚未达成共识。

我们可以把外部辅助技术统称为广义车联网（Vehicle to Everything，V2X）技术，即允许车辆与多种对象进行联网交互，在环境感知、意图判断等方面实现协同，以提升自动驾驶能力或其他用户体验。下面介绍其中的一些技术。

9.1.1 多车协同（Vehicle to Vehicle，V2V）

多车协同技术让智能车辆之间可以共享信息，例如车辆的类别、唯一识别码、几何外形、位置、速度、朝向、加速度等。

我们知道，感知模块的主要作用就是识别和跟踪障碍物。如果障碍物能够持续、主动地告知它是一辆大型 SUV 及其当前的运动状态，那么就可以大大减轻感知模块的负担，或者与主车的感知结果进行交叉验证，提高感知准确性。

此外，车辆之间也可以分享自己的意图，例如即将左转，这样就可以替代预测模块的一部分功能；车辆之间甚至可以分享自己的感知信息，达到互相"补盲"的效果，这就相当于每辆车都获得了更大范围内、更多角度的传感器——这显著超过了单车智能所能达到的极限。

9.1.2 车云协同（Vehicle to Cloud，V2C）

虽然车端硬件的能力一直在提升，但毕竟在移动性、碰撞安全性、功率、散热等方面都受到限制，因此不管是软件模块还是人工智能模型，都需要再三优化才能部署上车。而如今的云端相较于车端，几乎可以说是具备无限的算力、无限的存储能力。而且，云端天然具备体量优势，将更多的计算和存储转移到云端，就可以降低车端的需求和成本。

由于移动网络延迟的不确定性，目前的车云协同主要还是以对实时性要求较低的数据服务为主。例如地图众采服务，车辆使用自身传感器将增量的地图更新数据发送到云端，云端不断地制作新地图，再推送给有需要的车辆。这样就以较低的成本生成了新鲜度极高的高精地图数据，让网络内的所有自动驾驶车辆都受益。

远程操控（TeleOps）也是一种云端服务。当自动驾驶车辆受困时，人工操作员可以通过该服务从办公室发起连接，操控该车辆使其脱困。

在更远的未来，当低延迟、高可靠的 5G+ 网络成熟时，我们甚至可以将感知、预测等算法模型推理转移到云端进行，使用超大模型、超大算力得到远超单车智能的准确性。

9.1.3 车路协同（Vehicle to Infrastructure，V2I）

目前的交通基础设施都是为人类驾驶员设计的，例如红绿灯、交通标识等。如果将来自动驾驶系统成为主要的甚至唯一的驾驶员，那么势必要对基础设施进行重大改进。例如，红绿灯和交通标识都内建了广播发射器，主动告知自动驾驶车辆目前的通行状态和通行要求；红绿灯也会具备一定的智能，动态地调节时长，提高整体通行效率。这就是基本的"智慧交通"。

路侧感知也是一个热门的研究领域。与多车协同一样，在路侧安装传感器并使来往车辆共享感知信息，也能极大地延展自动驾驶车辆的能力上限。路侧模块甚至还能充当仲裁者，像交警一样，在路口等复杂环境中下达指令，消除自动驾驶车辆之间的博弈和误判。

9.2 安全

道路千万条，安全第一条。在本书一开始我们就提到，安全性是对自动驾驶系统的第一要求。传统汽车已有百年历史，建立了比较成熟的安全保障体系，但自动驾驶系统的引入必然会带来新的挑战，甚至在一段时间内不得不在阵痛中积累经验教训，曲折前行。

9.2.1　功能安全

自动驾驶系统的功能安全（Functional Safety）是指确保系统在发生故障时不会导致不可接受的风险，充分保护驾驶员、乘客、行人及其他交通参与者的安全。常见的一些功能安全方面的挑战如下。

- 一个或多个传感器失效，例如相机被异物遮挡等。
- 硬件故障，例如计算机硬盘损坏等。
- 软件错误，例如规划算法模块崩溃等。

要应对这些挑战，至少需要实现三层安全保障。

第一层是丰富、灵敏的实时故障检测机制。考虑到高速公路等场景，一般要求在几毫秒内就发现问题，并定位到故障模块。

第二层是采用冗余设计来尽量保持系统正常工作。它既包括冗余的硬件，例如增加相机数量、热备份的计算单元等；也包括冗余的软件，例如在独立进程中运转的备份决策模块等。众所周知，冗余设计是一种非常有效的容错方案，如果单模块故障率为百分之一，那么增加一个冗余模块就可以将故障率降低到万分之一。

第三层是在发生不可容错的故障时进入安全降级模式。此时已经无法维持自动驾驶，需要在最低限度的硬件支持下尽快控制车辆安全地减速，靠边停车。

9.2.2　网络安全

自动驾驶系统一般都会连接网络以上传数据、下载地图等，因此它也可以被看作一个标准的互联网应用。就像其他互联网应用一样，其网络安全性

（Cyber Security）也非常重要。自动驾驶系统可以直接操作车辆，如果劫持了车载计算单元，就相当于劫持了一辆汽车，造成的危害远大于劫持一台普通计算机。所以，自动驾驶系统的整个技术栈都必须采用最严格的网络安全标准，所有人员都要遵守安全规范和最佳实践，例如及时安装安全更新、加密通信、使用强密码、使用双重校验、遵守最小权限原则等。

隐私保护也是自动驾驶网络安全的重要部分。虽然隐私泄露的危害要小于车辆劫持，但是随着车辆智能化的提高、传感器的增多，自动驾驶车辆可以掌握越来越多的用户个人信息，例如身份、地址、指纹、声纹、面容、与他人的谈话内容、出行信息等，车辆是否在收集信息、收集了哪些信息，以及什么人可以接触到这些信息等，越来越引起研究者以及所有用户的关注。

9.2.3 人工智能安全

人工智能作为一项方兴未艾、快速发展的技术，其安全问题尚处于早期研究阶段。对于短视频推荐、智能助手等场景，人工智能出错的代价很低，但对于自动驾驶而言，很小的错误就可能导致车毁人亡。

自动驾驶的人工智能安全问题可能来源于以下几个方面。

- 数据不足：在新场景或数据点较少的场景中，模型的表现显著变差。
- 数据偏差：天气、路况等不平衡的样本，导致模型在特定情况下突然失效。
- 不可解释：模型做出了难以理解、难以复现的决策，例如无故急刹或加速，与其他车辆、行人的心理预期产生重大偏离而导致事故。
- 对抗攻击：攻击者恶意地使用细微噪声让模型失效，让车辆做出危险的行为。

要提高人工智能的安全性，一方面需要不断地增强模型的鲁棒性，另一方面往往需要持续施加冗余的、基于规则的安全边界。

9.3 法律法规

无规矩不成方圆。传统的交通法规也需要不断地改进和完善，才能适应并推动自动驾驶技术的发展。例如常见的"手不能脱离方向盘"的规定，对于高级自动驾驶就是不适用的。但是法律法规又不能松动得过早、过快，以免导致不成熟的技术野蛮生长，威胁到交通安全。

9.3.1 立法进展

目前仅有少数国家开始了关于自动驾驶的立法探索，我国在其中处于较为先进的行列。2021 年我国颁布了《道路交通安全法（修订建议稿）》，首次将自动驾驶车辆纳入法律框架，明确了自动驾驶车辆测试和应用的基本原则，对自动驾驶系统和人类驾驶员的责任进行了初步划分；施行了《中华人民共和国数据安全法》和《中华人民共和国个人信息保护法》，为自动驾驶涉及的数据隐私与安全提供了法律依据。此外，北京、上海、广州、深圳、重庆、长沙、武汉等城市从 2022 年开始先后发布了地方性法规，提供了开放测试道路、运营许可以及明确事故责任等试点政策，积极进行立法探索。

美国作为自动驾驶技术的领头羊，目前尚无统一的联邦法律，主要依赖各个州的地方性法规，其中加利福尼亚州和亚利桑那州进展靠前，已经允许无人驾驶车辆进行公开测试与运营，并且对自动驾驶测试许可、事故责任和数据隐私等做了较为详细的规定。日本与欧盟先后通过了相关法规，允许 L3

级自动驾驶车辆在特定条件下合法上路。而德国于 2021 年通过了全球首部支持 L4 级自动驾驶商业化的法律。

9.3.2 标准化进展

建设标准化体系是确保自动驾驶技术可持续发展的重要基础，有助于跨地区、跨行业、跨机构的沟通与合作，避免各自为战、无序发展。

1. 分级标准

由国际汽车工程师学会（SAE）发布的 6 级自动驾驶体系 SAE J3016〔从完全手动驾驶（L0）到完全自动驾驶（L5）〕被广泛采用作为公认的行业基准。我国发布的 GB/T 40429—2021《汽车驾驶自动化分级》与 SAE J3016 保持一致，明确了不同级别下的自动驾驶功能和技术要求。

2. 功能安全标准

国际上，功能安全国际标准 ISO 26262 定义了针对汽车电子电气系统的安全设计和评估，预期功能安全（SOTIF）标准 ISO 21448 则关注无故障情况下的潜在风险。我国发布的 GB/T 34590 系列等同采用 ISO 26262，针对汽车功能安全提供指导，而对 SOTIF 标准的本地化也在推进中。

3. V2X（车联网）通信协议标准

国际上，IEEE 802.11p 无线通信协议可用于车辆与车辆（V2V）和车辆与基础设施（V2I）之间的通信，由 3GPP 主导的 5G C-V2X 标准则基于蜂窝通信技术来支持车联网。我国发布的 GB/T 38892—2020 标准支持智能网联汽车信息安全技术要求，由中国汽车工程学会和其他机构制定的车路协同通信协议则覆盖了 V2X 应用层、传输层、物理层的通信协议。

4. 测试与认证标准

国际上，ISO 34502 标准提出了针对自动驾驶车辆的测试要求，联合国欧洲经济委员会发布的 UNECE WP.29 则制定了针对自动驾驶车辆的监管框架。我国发布的《智能网联汽车标准体系》（2003 年）和《智能网联汽车道路测试管理规范（试行）》则明确了封闭道路和开放道路的测试要求，并对驾驶员注意力监测、自动紧急刹车（Autonomous Emergency Braking，AEB）等技术进行了标准化。

9.4 社会与经济

自动驾驶的发展对社会和经济的影响是多层次且深远的，它将改变人类出行方式、全球产业结构和分工、城市规划以及就业市场等方方面面。

首先，职业司机和快递员会大量减少。截至 2023 年，全球职业司机数以千万计，美国有超过 100 万名司机，而中国仅网约车和出租车的司机就有超过 700 万名，另外还有约 500 万名快递员。自动驾驶的普及将导致"司机"这一职业彻底消失，那么这数千万"准失业人员"及其背后家庭的经济问题需要得到有效解决，否则可能使自动驾驶从"普惠技术"变成"寡头获利技术"，加剧贫富差距。当然，新行业的出现也会带来新的就业机会，例如在过渡期，自动驾驶车辆需要大量的安全员和远程操作员。而如果大量职业司机能顺利转为从事其他生产活动，那么从长远来讲，会显著提升国家生产力。

其次，自动驾驶可能会促进共享经济的繁荣，让更多的人乘坐自动驾驶巴士或出租车出行，减少私家车保有量，可以进一步降低全社会出行成本，也更加环保。

最后，以自动驾驶为中心的新一轮智慧基础设施建设，将创造大量的投资和就业机会，拉动经济发展。而聪明的车、智慧的路，也会大大提高交通安全性，因为 90% 以上的交通事故是人为因素造成的。拯救生命的社会价值难以估量！

9.5 伦理

在伦理学领域有一个知名的思想实验叫作"电车难题（Trolley Problem）"，大致内容是，你有一个拉杆可以操控一辆失速的电车向左或向右，左边轨道上绑着五个无辜的人，右边轨道上也绑着一个人，你是否应该拉动拉杆？

自动驾驶系统也面临着相同的困境，甚至更为复杂。如果发生极端情况，自动驾驶车辆必须承受或必然造成一定的损失，那么针对以下情形应该如何抉择：

- 与电车难题相同，五个人的生命价值是否大于一个人的生命价值？
- 一个年轻人的生命价值是否大于一个老年人的生命价值？两个老年人呢？
- 如果可以选择保护车内乘客或保护行人，那么应该选择"自私"还是"祸水东引"？
- 以上决策权力应该归属于算法开发人员还是实时实地的车内乘客？

以上种种，并没有唯一正确的答案，而且也常常因文化而异，还需要更多的伦理研究、社会讨论和法规完善。

第10章

自动驾驶行业就业指南

回顾本书的内容，我们以实战形式介绍了自动驾驶技术中传统的模块化方案和新兴的端到端大模型方案，以期为读者提供一个寓教于乐、可以实际上手的自动驾驶平台。此外，还介绍了自动驾驶技术的历史沿革，以及法律法规、社会与经济、伦理等相关问题，希望专注于技术的读者也可以跳出技术来看自动驾驶技术的发展。这些非技术问题解决得好，则可以推动技术的发展；反之，也会形成巨大的阻力。

10.1 自动驾驶技术展望

在过去的十年里，自动驾驶技术的发展并非一帆风顺，其大概经历了三起三落。

- 2014—2016 年，随着 Google 推出首款完全自主的原型车，大家普遍对自动驾驶技术开始变得更乐观，资本快速涌入，各大科技企业和传统车企纷纷宣布进入自动驾驶领域。

- 2017—2018 年，各个自动驾驶公司或团队纷纷进入测试和部署阶段，但实际的表现和泛化能力并不如预期，尤其是 2018 年 Uber 公司在亚利桑那州的一次自动驾驶测试中发生致命事故，公众对自动驾驶的安全性质疑达到顶点。部分初创企业面临资金链断裂的风险，行业整合加速。

- 2019—2021 年，得益于传感器、车载计算单元的技术进步，以及 5G 技术商用落地，车路协同（V2I）概念兴起，自动驾驶再次进入高速发展期。Waymo、Cruise、百度等公司加速自动驾驶测试，力求开启高价值的 Robotaxi（无人驾驶出租车）商业化进程，吸引了资本市场和大众的关注。

- 2022—2023 年，高级自动驾驶面临高企的成本和长期的技术投入，资本市场逐渐趋于理性，大众对长期以来的过度乐观宣传产生了信任危机，行业开始关注更务实的技术路径，即优先实现可量产落地的 L2/L3 级辅助驾驶。一批初创企业在转型过程中被淘汰。

此后，虽然资本市场被 ChatGPT 引领的大语言模型热潮吸引了目光，似乎自动驾驶技术逐渐遇冷，但实际上这才是它趋于理性和健康发展的开始。图 10-1 展示了全球领先的信息技术研究与咨询公司 Gartner 发布的 2022 年人工智能技术成熟度曲线，可以看到自动驾驶技术已超越初期的炒作高峰期和随后的低谷期，开始进入普及应用的恢复期、成熟期。

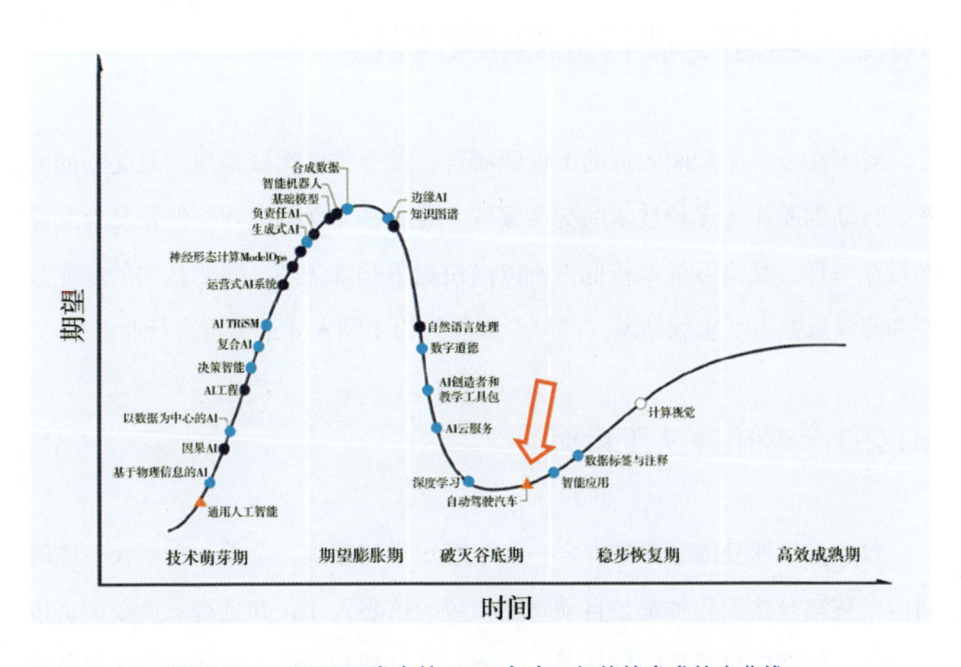

图 10-1　Gartner 发布的 2022 年人工智能技术成熟度曲线

2023 年至今，随着特斯拉、蔚来、小鹏等车企相继推出近乎全天候、全地域的高级自动驾驶量产车型，尤其是小米等明星企业的入局，自动驾驶开始真正走入千家万户。公众对自动驾驶的能力边界也有了更多的认识，抛开过高的期待，充分利用泊车、领航驾驶等成熟技术带来的方便性，产、学、研、用进入了新一轮的正循环。

接下来几年，我们应该可以看到自动驾驶车辆的比例逐步提高，预计到 2030 年左右，绝大部分新车都将具备一定的自动驾驶能力，并且超过一半具备 L3/L4 级高级自动驾驶能力。到 2035 年，一半以上新车的驾驶里程都将由自动驾驶系统独立完成。到 2050 年，无人驾驶系统应当基本成熟，当我们提及"驾驶"时，一般就是指"自动驾驶"了，而"人工驾驶"也许会变成一项独特的怀旧娱乐活动，只能在特定场地内进行。

10.2　自动驾驶行业的核心岗位

对于在校学生和刚入行的工程师而言，就业方向无疑是他们最关心的问题。自动驾驶作为多种技术的交叉领域，需要各方面的人才。但是又像互联网行业一样，其边际成本较低，所以岗位竞争非常激烈，需要扎实的专业技能和跨领域能力。也就是说，"一专多能"的 T 型人才最为符合行业需求。

10.2.1　感知算法工程师

目前自动驾驶的主要难点之一在于感知不够准确、全面，在很长一段时间内，感知算法工程师都是自动驾驶领域的核心人才，并且需求量较大。以一个百人规模的自动驾驶软件团队为例，其对感知算法工程师的需求量可能超过 30 人。我们可以从一则招聘广告中管窥其职能与要求。

感知算法工程师（Perception Algorithm Engineer）

职位职责

1. 设计和开发自动驾驶系统中的感知算法，包括目标检测、目标跟踪、语义分割、障碍物识别等。
2. 利用多模态传感器（如摄像头、激光雷达、毫米波雷达）的数据融合技术，提高感知系统的鲁棒性和精度。
3. 优化感知算法的实时性和计算性能，确保算法在嵌入式平台上高效运行。
4. 分析和标注传感器数据，为模型训练提供高质量的数据集。
5. 参与感知模块的测试与验证，通过仿真和实地测试来评估算法的性能。
6. 跟踪和研究最新的感知算法技术，如深度学习、几何建模、多目标跟踪等，并将其应用于实际项目中。

任职要求

1. 学历背景：计算机科学、电子工程、自动化、机器人工程或相关专业的硕士研究生及以上学历。
2. 专业技能：
   - 熟悉深度学习框架（TensorFlow、PyTorch等）。
   - 熟悉常见的目标检测算法（YOLO、Faster R-CNN、SSD）和语义分割算法（U-Net、DeepLab）。
   - 具备多传感器数据融合经验（如激光雷达点云处理、图像与雷达融合等）。
3. 编程能力：精通C++和Python编程，熟悉ROS或其他机器人操作系统。
4. 数学基础：具有扎实的线性代数、概率统计、最优化理论基础。
5. 项目经验：有与计算机视觉或自动驾驶感知模块相关的项目经验。

加分条件

1. 在计算机视觉/自动驾驶顶级会议（如 CVPR、ICRA）上发表过论文。
2. 熟悉实时处理框架和硬件加速技术（如 CUDA、TensorRT）。
3. 熟悉车载感知平台和测试流程。
4. 有实际无人驾驶项目的部署经验。

10.2.2　预测算法工程师

预测算法工程师需要与上游的感知算法工程师和下游的规划算法工程师高度协同，对上下游技术的掌握越多，工作就越好开展。但是预测算法工程师的需求量相对较少，在一个百人规模的软件团队中大约需要 10 人。以下是一则招聘广告示例。

预测算法工程师（Prediction Algorithm Engineer）

职位职责

1. 设计并实现自动驾驶车辆的预测算法，准确预测交通参与者（如车辆、行人、自行车等）的未来行为和轨迹。
2. 开发和优化基于机器学习或规则的方法，处理复杂的动态交通场景。
3. 分析多种传感器（如激光雷达、摄像头、雷达）数据并进行数据融合，提供高置信度的输入供预测模块使用。
4. 结合交通规则和场景上下文，优化预测模型以提高系统的安全性和鲁棒性。
5. 构建高效的在线预测系统，满足实时性需求，并确保在车辆计算资源受限的条件下稳定运行。

6. 参与模块集成测试和仿真平台验证，确保预测算法在真实场景中的可用性和准确性。

7. 跟踪领域最新技术发展和研究成果，将前沿算法应用到实际系统中。

任职要求

1. 教育背景：计算机科学、电子工程、自动化、人工智能或相关专业的硕士或博士学位。

2. 技术能力：
   - 熟悉常见的轨迹预测算法，如贝叶斯模型、卡尔曼滤波、RNN、GNN 等。
   - 掌握深度学习框架（如 PyTorch、TensorFlow），有时间序列建模经验者优先。
   - 熟悉多传感器数据处理和数据融合技术。

3. 编程能力：
   - 精通 C++ 和 Python 编程，具备良好的代码优化能力和工程能力。
   - 熟悉 ROS、Linux 系统开发环境。

4. 理论基础：
   - 具有扎实的概率统计、优化理论和机器学习基础。
   - 对动态交通行为建模和智能驾驶技术有深入的理解。

加分条件

1. 有在国际知名顶级会议（如 CVPR、ICRA、NeurIPS）上发表论文的经历。

2. 参与过开源项目或参加过无人驾驶比赛（如 Waymo Open Dataset Challenge）。

3. 对复杂场景行为建模（如非结构化环境中的行为预测）有深入的研究。

10.2.3 规划算法工程师

在规划算法中引入机器学习模型越来越受到大家的关注，因此传统的以数学能力和工程能力为强项的规划算法工程师也要积极学习人工智能技术，以适应下一代规划算法的需求。作为感知之外的另一大核心人才库，在一个百人规模的软件团队中，一般需要 20 ~ 30 名规划算法工程师。以下是一则招聘广告示例。

规划算法工程师（Planning Algorithm Engineer）

职位职责

1. 规划算法研发：设计并开发基于学习的方法（如强化学习、模仿学习等）解决自动驾驶中的路径规划与行为决策问题。

2. 数据驱动优化：使用驾驶数据集进行学习算法的训练与优化，提升系统在动态环境中的规划能力。

3. 场景理解与建模：结合交通场景的先验知识，构建学习模型输入特征，提升模型的泛化能力和安全性。

4. 算法验证与评估：在仿真平台和真实车辆中验证学习算法的性能，进行行为优化与鲁棒性评估。

5. 多任务规划：开发基于学习的方法，支持多目标约束（如安全性、效率、乘客舒适性等）下的优化规划。

6. 跨模块协作：与感知、预测、控制团队协作，确保规划算法的实时性与兼容性。

7. 技术前沿跟踪：跟踪强化学习、深度学习、决策规划等领域的最新研究动态，将新技术应用于产品研发中。

任职要求

1. 教育背景：计算机科学、人工智能、控制工程、自动化或相关专业的硕士或博士学位。
2. 技术能力：
   - 熟悉经典的路径规划与决策算法（如 A*、Dijkstra、MPC）。
   - 掌握强化学习（RL）、深度强化学习（DRL）、模仿学习等学习方法。
   - 有使用机器学习框架（如 TensorFlow、PyTorch）的实践经验。
   - 熟悉动态交通场景下的行为建模与决策规划技术。
3. 编程能力：
   - 精通 C++ 和 Python 编程，具备较强的代码优化能力与工程能力。
   - 熟悉 Linux 开发环境，了解 ROS 或其他自动驾驶相关中间件。
4. 理论基础：
   - 具有扎实的数学基础（线性代数、概率统计、最优化理论等）。
   - 熟悉强化学习算法（如 DQN、PPO、SAC）和相关理论。

加分条件

1. 在顶级会议（如 ICRA、ICML、CVPR、NeurIPS）上发表过相关论文。
2. 熟悉分布式计算框架或大规模数据训练方法。
3. 参与过开源项目或参加过竞赛（如 Waymo Open Dataset Challenge、NuScenes Challenge）。
4. 有真实车辆测试或系统部署经验。

10.2.4 控制算法工程师

控制模块是相对轻量的一个算法模块，但却是直接接触车辆控制的模块，是软件栈的最后一个守门人,肩负着诸多功能安全职责。在一个百人规模的软件团队中,一般需要 5~10 名控制算法工程师。以下是一则招聘广告示例。

控制算法工程师(Control Algorithm Engineer)

职位职责

1. 控制算法设计:开发自动驾驶车辆的控制算法,包括纵向控制(加速、制动)和横向控制(转向)。

2. 功能安全集成:依据 ISO 26262 标准,设计和实现与功能安全相关的控制策略,确保系统在故障情况下的安全性。

3. 车辆动力学建模:基于车辆动力学原理进行模型开发,为控制算法提供支持。

4. 实时系统开发:实现实时控制算法,优化其性能以满足低延迟和高可靠的要求。

5. 多传感器输入融合:处理多种传感器(如 IMU、GPS、车速传感器等)数据,提高控制算法的精度和稳定性。

6. 算法验证与测试:在仿真环境和真实车辆上验证控制算法的性能,确保其在复杂环境中的鲁棒性和可靠性。

7. 故障检测与冗余设计:开发故障检测机制和冗余控制系统,提升自动驾驶系统的安全性和容错能力。

8. 技术文档编写:撰写算法设计文档、功能安全分析(如 FMEA、FTA)报告等技术文件。

任职要求

1. 教育背景:控制工程、车辆工程、电子工程、自动化或相关专业的硕士或博士学位。

2. 技术能力:

- 熟悉控制算法（如 PID、LQR、MPC）的设计与实现。
- 掌握功能安全标准（ISO 26262）及其在汽车控制中的应用。
- 熟悉车辆动力学建模和控制相关工具，如 Carsim、Simulink、MATLAB。
- 熟悉 CAN 总线协议及其他车载通信标准。

3. 编程能力：
- 精通 C++和 Python 编程，有嵌入式系统开发经验者优先。
- 熟悉实时操作系统（RTOS）和自动驾驶中间件（如 ROS）。

4. 理论基础：
- 具有扎实的数学基础，熟悉优化理论、线性系统理论等。
- 了解汽车电子电气架构（E/E Architecture）及其对控制系统的影响。

加分条件

1. 通过功能安全工程师认证（如 ISO 26262 Functional Safety Engineer）。
2. 熟悉 ASIL 评估及其在控制系统中的应用。
3. 在国际顶级会议或期刊上发表过与车辆控制或功能安全相关的论文。
4. 具备在真实车辆上调试和优化控制算法的经验。

10.2.5　离线基础设施工程师

数据驱动和仿真驱动一直是自动驾驶研发降本增效的不二利器，但随着算法模块模型化的深入，数据平台工程师和仿真工程师都需要掌握更多的机器学习知识，以了解算法工程师是如何使用数据和仿真来加快模型迭代的。在一个百人规模的软件团队中，一般需要 20～30 名离线基础设施工程师。以下是数据平台团队的一则工程师招聘广告示例。

数据平台工程师（Data Platform Engineer）

职位职责

1. 数据平台设计与开发：构建高效、可扩展的数据平台，用于自动驾驶系统中多源数据的采集、存储、处理与分发。

2. 数据处理与管理：设计并实现大规模自动驾驶数据（如传感器数据、仿真数据、标注数据）的清洗、归档与管理机制，确保数据质量和数据的一致性。

3. 机器学习支持：开发和优化机器学习数据管道，为感知模块、规划模块和控制模块提供高质量的数据支持，提升模型训练效率。

4. 数据分析与特征提取：利用先进的算法进行自动驾驶数据的特征提取与分析，优化数据标注流程和模型训练效果。

5. 数据可视化工具：构建数据可视化平台，为工程师提供友好的数据浏览、查询和分析工具。

6. 分布式计算架构：优化分布式计算框架（如 Spark、Flink）以高效处理海量的自动驾驶数据，支持实时任务和离线任务。

7. 跨团队协作：与感知、规划、仿真和机器学习团队紧密协作，为自动驾驶产品开发提供高效的数据解决方案。

任职要求

1. 教育背景：计算机科学、数据科学、人工智能或相关专业的本科及以上学历；硕士或博士优先。

2. 技术能力：

   ○ 掌握分布式系统开发技术（如 Hadoop、Spark）及数据存储技术（如 SQL、NoSQL、Parquet）。

   ○ 熟悉机器学习算法及其在大数据中的应用，了解常用的深度学习框架（如

TensorFlow、PyTorch）。
   - 具备数据工程实践经验，掌握 ETL 流程、数据建模及数据清洗技术。
3. 编程能力：
   - 精通 Python、Java 或 Scala 等语言，有扎实的算法基础。
   - 熟悉云计算平台（如 AWS、GCP、Azure）和容器化技术（如 Docker、Kubernetes）。
4. 其他要求：
   - 有自动驾驶或智能驾驶领域数据平台开发经验者优先。
   - 对自动驾驶领域的海量数据处理与应用有深入的了解。

加分条件

1. 有大规模数据平台的搭建经验。
2. 熟悉自动驾驶传感器（如激光雷达、摄像头、雷达等）数据的格式和处理方法。
3. 参与过开源数据平台项目开发。
4. 在顶级会议（如 ICML、NeurIPS、KDD）或期刊上发表过相关论文。

10.2.6　端到端自动驾驶大模型工程师

除了上述传统的岗位分类，端到端自动驾驶大模型技术可能会是未来几年最为热门的自动驾驶岗位需求之一。它对工程师的要求更高，除了大模型训练和调优能力，对车辆工程、感知与预测算法、规划与控制算法了解得越多，就越有可能调出优美、稳健的模型。以下是一则招聘广告示例。

端到端自动驾驶大模型工程师
（Autonomous Driving Large Model Engineer）

职位职责

1. 大模型开发与优化：设计并开发基于深度学习的大规模端到端模型，实现从感知到规划、控制的全流程自动驾驶解决方案。

2. 多模态融合：研究与实现多模态数据（如视觉数据、激光雷达数据、雷达数据）的特征融合，提高模型的感知和决策能力。

3. 数据处理与训练：负责海量自动驾驶数据的清洗、标注与预处理，设计高效的数据管道支持大规模模型训练。

4. 模型训练与调优：使用大规模分布式训练技术（如 TensorFlow、PyTorch DDP）优化端到端模型的性能，提升训练速度与效果。

5. 在线推理优化：实现模型的在线推理框架，优化推理速度与资源的使用，确保实时性与高效性。

6. 实验验证与迭代：在仿真环境和实际道路测试中验证端到端模型的性能，根据反馈不断地优化和迭代算法。

7. 技术研究与创新：跟踪大模型、深度学习和自动驾驶领域的前沿研究，将先进技术应用于产品开发中。

任职要求

1. 教育背景：人工智能、计算机科学、自动化、电子工程或相关专业的硕士或博士学位。

2. 技术能力：

    - 熟悉端到端自动驾驶大模型的开发，掌握深度学习模型（如 Transformer、GPT、ConvNet）的训练与优化。

- 熟悉多模态数据的处理与融合技术，了解自动驾驶常见传感器（如摄像头、激光雷达、雷达等）的数据格式与特性。
- 具备分布式训练经验，熟悉大规模模型的部署与推理优化。

3. 编程能力：
    - 精通 Python 和 C++编程，熟悉深度学习框架（如 PyTorch、TensorFlow）。
    - 熟悉 ROS、Linux 开发环境，有实际工程开发经验者优先。

4. 理论基础：
    - 具有扎实的数学基础，熟悉优化理论、深度学习理论和多模态学习方法。
    - 了解贝叶斯决策、强化学习等高级算法。

加分条件

1. 在顶级会议（如 NeurIPS、ICLR、CVPR）上发表过相关论文。
2. 熟悉 LLM（大语言模型）或 GPT 架构在自动驾驶中的应用。
3. 有在真实道路上进行自动驾驶系统部署或大规模测试的经验。
4. 了解自动驾驶功能安全（ISO 26262）和工程化实施。

10.3　写在最后

　　2019 年，我国提出要加快建设交通强国。2023 年，中国汽车出口量为 522 万辆，首次超过日本（442 万辆），中国成为全球最大汽车出口国，并且后续领先幅度会越来越大，交通强国建设初见成效。其中，电动车，尤其是智能化的电动车占比越来越高。电动化、智能化这一正在发展中的历史进程，既是中国的机会，又是相关领域工程师的机会。感谢你选择阅读本书，开始一段共同的学习旅程。愿这些基础知识能助你一臂之力，让你在未来的职业生涯中走向广阔天地！